Sepp Maier
ARTIST DER NATION

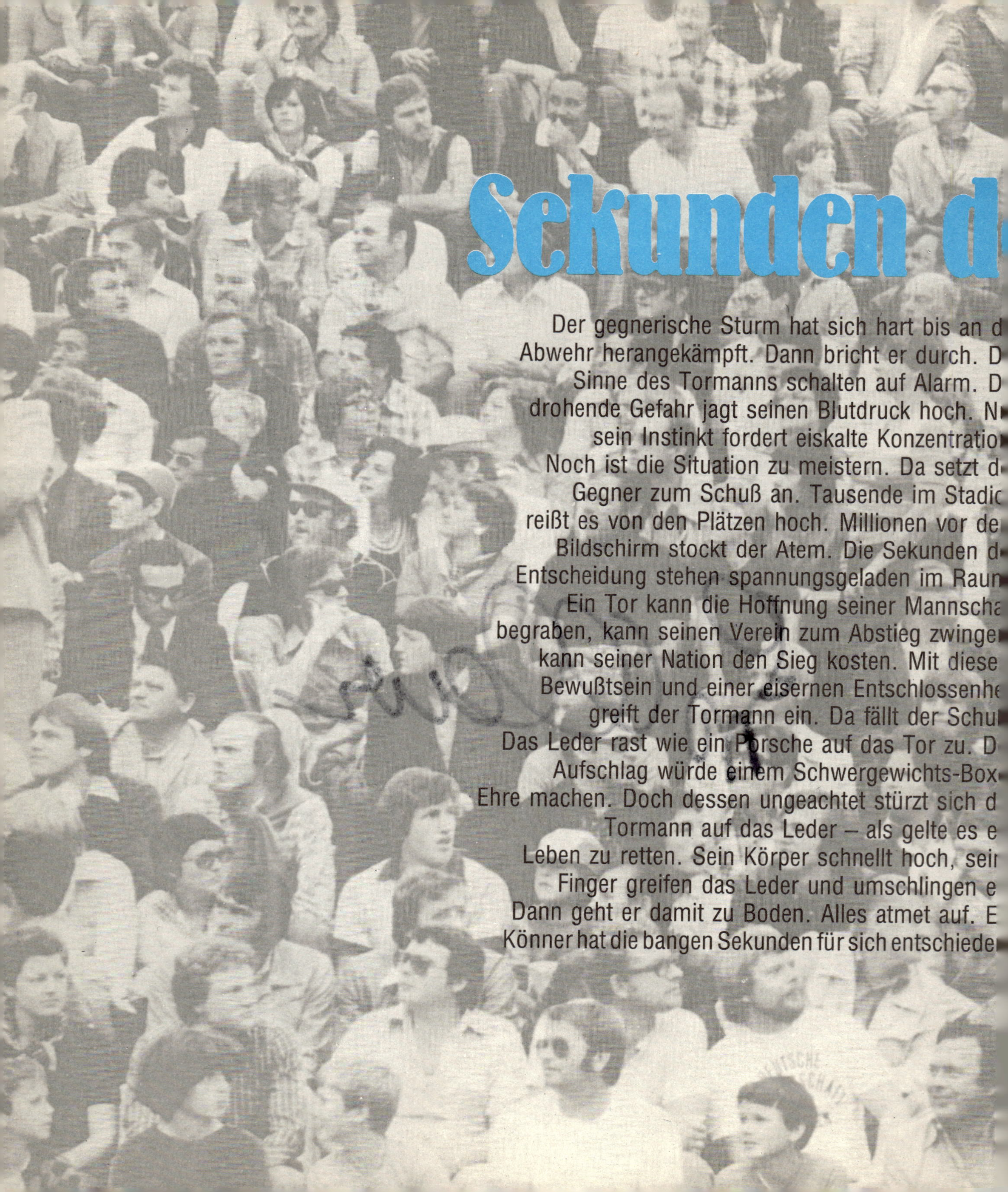

Sekunden d

Der gegnerische Sturm hat sich hart bis an d Abwehr herangekämpft. Dann bricht er durch. D Sinne des Tormanns schalten auf Alarm. D drohende Gefahr jagt seinen Blutdruck hoch. N sein Instinkt fordert eiskalte Konzentratio Noch ist die Situation zu meistern. Da setzt d Gegner zum Schuß an. Tausende im Stadic reißt es von den Plätzen hoch. Millionen vor de Bildschirm stockt der Atem. Die Sekunden d Entscheidung stehen spannungsgeladen im Raun Ein Tor kann die Hoffnung seiner Mannscha begraben, kann seinen Verein zum Abstieg zwinge kann seiner Nation den Sieg kosten. Mit diese Bewußtsein und einer eisernen Entschlossenhe greift der Tormann ein. Da fällt der Schu Das Leder rast wie ein Porsche auf das Tor zu. D Aufschlag würde einem Schwergewichts-Box Ehre machen. Doch dessen ungeachtet stürzt sich d Tormann auf das Leder – als gelte es e Leben zu retten. Sein Körper schnellt hoch, sei Finger greifen das Leder und umschlingen e Dann geht er damit zu Boden. Alles atmet auf. E Könner hat die bangen Sekunden für sich entschiede

Entscheidung

Sepp Maier
Artist der Nation

WILA VERLAG

Creative Gesamtleitung
Ideabroker
Heinz Hartmann

Layout und Grafik
Bernhard Schelhorn

Fotos
Fred Joch

Schutzumschlag-Titel
Hans Fischach

Technische Herstellung
Joh. Roth sel. Ww.
München 21
Printed in Germany

ISBN 3 87910 134 5

Inhalt

Mein Sport
mein Leben

Vom Amateur zum Profi ein langer Weg

Was für den Schauspieler die Bretter bedeuten, ist für uns Fußballer der Rasen. Es gibt Athleten, die leben und sterben für ihren Sport, sie wachsen im Kampf um den Sieg über sich selbst hinaus und nehmen dafür härteste Entbehrungen in Kauf. Nur wer dieses Feuer der Leidenschaft kennt, kann einen Jungen verstehen, für den es nichts anderes gibt als seinen Sport. Nur wer selbst einmal einem Leder mit Begeisterung nachjagte, kann ermessen, was in einem fußballbegeisterten Jugendlichen vorgeht, wenn man ihm diesen mitreißenden Sport versagt.

Wenn dieses Buch dazu beitragen kann, in ein paar begabten Buben das gleiche Feuer zu entfachen, das ich in mir verspürte, wenn einige Eltern besser verstehen lernen, was ihre fußballspielenden Sprößlinge bewegt und wenn ein paar Illusionen über den angeblich so leichten, geldbringenden ,,Job" eines Lizenzspielers auf eine sachliche Grundlage zurückgeführt werden, ist mein Anliegen erfüllt.

Wenn man als 9jähriger Dreikäsehoch in der Jugendmannschaft eines unterklassigen Vereins seine ersten Fußballstiefel verschleißt, denkt man nicht im Traum daran, daß man es eines Tages als Tormann auf über 420 Bundesligaspiele und 80 Nationalspiele bringt. Das wäre ja auch ein zu tollkühner Gedankensprung.

Ich hatte damals ganz andere Sachen im Kopf. Ich wollte nichts als stürmen: rechtsaußen, linksaußen oder auch als Mittelstürmer. Das war meine

Welt, darin ging ich voll auf. Dafür wollte ich mich bis zum Letzten einsetzen. Aber wie es der Teufel will, spielt da ausgerechnet der Trainer einer Gegenmannschaft Schicksal. Er sah in mir den Tormann Maier und meine Stürmer-Karriere war auf einen Schlag dahin.

Wie es dazu kam?

Ich war gerade 14 und rückte in die Jugendklasse auf. Mein Verein suchte für seine Jugendelf einen Mann im Tor. Nur so zur Gaudi probierte ich es aus, aber ich wäre damals nie auf die Idee gekommen, eines Tages für immer im Tor zu stehen. Schließlich ist es viel schöner, Tore zu schießen, als welche ins Netz zu bekommen. Doch ich hatte darin schon etwas Erfahrung, weil mein Vater früher bei TSV Haar selbst im Tor stand und mir schon als 6jährigem Knirps die Bälle ins Netz schoß. Wenn mich einer seiner Bombenschüsse mit voller Wucht traf, landete ich wie Münchhausen mit dem Ball im Netz: Aber gefangen hatte ich das Leder! Offensichtlich haben meine Abwehrparaden meinem Jugendtrainer imponiert. Denn von da ab stellte er mich gegen meinen Willen immer wieder als Ersatz ins Tor.

Kurz vor einem Spiel gegen die zweite Jugendmannschaft des FC Bayern schlug das Schicksal zu. Der Torwart Göschl brach sich im Training die Hand und ich mußte ins Tor. Alternative gab's keine, also machte ich das Beste daraus. Trotzdem verloren wir gegen die Bayern 0:7.

Diese Tatsache hinderte aber Trainer Weiß vom FC Bayern nicht, sich für mich zu interessieren. Er suchte einen guten Tormann für seine Elf und machte mir nach dem Spiel ein Angebot. Er wollte nicht glauben, daß ich bei TSV Haar Stürmer und sogar Torschützenkönig war. Für ihn war ich ein Torhüter-Talent, das man fördern müsse.

So wechselte ich mit 15 Jahren zum FC Bayern und meine Stürmer-Laufbahn war vorbei. Diese Entscheidung war der Anfang einer steilen erlebnisreichen Karriere, die einmalig in Deutschland und wohl auch einmalig in Europa ist. Kein deutscher Tormann hat 420 Bundesliga-Spiele gespielt – kein deutscher Tormann stand 80mal für die BRD im Tor. Kein Wunder: Mit knapp 17 Jahren stand ich bereits 14 mal im Tor der deutschen Jugendauswahl. Das ist das höchste Ziel, das ein Jugendspieler erreichen kann. Mit 18 Jahren gehörte ich schon zur Reservemannschaft der ersten Garnitur des FC Bayern, mit 19 unterzeichnete ich meinen ersten Vertrag als Profi. Das war ein unvergeßlicher

Tag und ein erhebendes Gefühl dazu, obwohl mich diese Entscheidung um ein verdientes Amateur-Auswahlspiel bei den Olympischen Spielen in Tokio gebracht hat. Doch auch hier ging die Kameradschaft vor. Mein Verein brauchte mich, um ein Entscheidungsspiel zu bestehen, bei dem es darum ging, ob FC Bayern in die damals neu gegründete Bundesliga aufsteigen kann oder nicht. Mein Verzicht auf das Olympiaspiel hat sich allerdings nicht gelohnt. Da die 60iger damals Deutscher Meister geworden sind, kamen sie in die Bundesliga und wir hatten trotz spielerischer Glanzleistungen das Nachsehen.

Aber 1965 war es dann soweit: FC Bayern kam als zweiter Münchner Verein in die Bundesliga. Einen entscheidenden Erfolgsanteil hatte daran ein kleiner, rundlicher Jugoslawe, der mir ebenfalls schicksalshaft unter die Arme griff. Gemeint ist der Erfolgstrainer Zlatko Cajkovski, kurz „Tschick" genannt. Er hat es fertig gebracht, innerhalb kurzer Zeit eine junge Erfolgsmannschaft für den FC Bayern aufzubauen und holte mich als die Nr. 1 ins Tor. Damit begann für mich wieder ein neues Kapitel meines Fußballer-Lebens. Mit 22 Jahren stellte mich Helmut Schön vor der Weltmeisterschaft in England 1966 gegen die Iren ins Tor und wir siegten mit 0:4. Das war mein erstes Länderspiel. Leider brach ich mir am dritten Trainingstag bei der WM 66 den Mittelfinger und war für weitere Aktivitäten blockiert. Im selben Jahr hatte der FC Bayern als Neuling eine starke Saison: wir wurden Zweiter in der Bundesliga und dazu noch Pokalsieger. Von nun an folgte für mich ein Länderspiel nach dem anderen und eine abenteuerliche Zeit begann. Bei der Weltmeisterschaft 1970 in Mexico City holte sich unsere Nationalelf den dritten Platz. 1972 wurden wir Europameister und 1974 Weltmeister. Dazwischen wurde FC Bayern mit mir im Tor 4mal deutscher Meister, 4mal deutscher Pokalsieger und 4mal Europapokalsieger. Wenn ich heute so zurückblicke, dann ist diese von Hoffnung und Zuversicht geprägte Zeit wie im Flug vergangen. Aber der Weg bis dahin war nicht immer leicht. Doch ich kenne keine Fußballer-Laufbahn, die den entbehrungsreichen Weg vom Amateur bis zum Profi in kürzerer Zeit zurückgelegt hat. Wie ich dieses Ziel erreicht habe, steht in diesem Buch.

DEUTSCHER FUSSBALL BUND

Die Beziehung zum Sport muß wie eine große Liebe sein

Es gibt Jungs, die verunsichern als Räuber und Gendarm die Gegend. Andere nehmen lieber ihr Spielzeug auseinander. Manche haben nichts anderes als Comics im Kopf. Für mich dagegen gab es nichts Schöneres, als einem Ball nachzujagen. Wenn meine Freunde mit einem Ball kamen, hielt mich nichts mehr zu Hause fest. Sitzfleisch hatte ich sowieso keines und Bücher las ich nur, wenn es dabei um Sport ging.

Ich war schon als 6jähriger mit Leib und Seele dem Fußball verfallen. Deshalb war es mein größter Wunsch, einmal einen eigenen Fußball zu besitzen. Ich hoffte auf Weihnachten. Doch unter dem Christbaum lagen nur Fußballschuhe und eine Uhr für mich, den heißersehnten Ball bekam mein Bruder. Das ließ mir den ganzen Abend keine Ruhe. Ich überlegte mir, wie ich doch noch an den Ball komme. Die Lösung brachte die Uhr. Ich bot sie meinem Bruder gegen den Ball als Tausch an und im Handumdrehen war der Handel perfekt. Das war mein größtes Glück. Ich war damals so ballverrückt, daß ich ihn abends mit zum Schlafen nahm. Nach jedem Spiel wurde er sorgfältig gewaschen und mit Lebertran eingeölt, damit ja die Nähte lange halten. Oft hat es zwei Tage gedauert, bis ich ihn wieder für ein Spiel freigab, aber dann ging es hoch her. Wir sind nach der Schule gleich auf den Fußballplatz gegangen und wer den Ball hatte, durfte die Mannschaft bestimmen. Der Ballbesitz stellte gewissermaßen einen bestimmten Rang dar, der einen Jungen sehr stolz machen kann. Ich habe es jedenfalls genossen. Meine Freunde und ich nahmen jede Gelegenheit wahr, um den Ball zu treten. Tore wurden improvisiert oder selber gebastelt und eine Mannschaft war schnell zusammengetrommelt. Da uns das Wetter auf bayerisch gesagt ,,sauwurscht" war, kam ich natürlich nicht selten abgerissen und verschlammt nach Hause. Da gab es dann jede Menge ,,Watschn", aber die habe ich heute vergessen. Sie steigerten sogar meine Fußballbesessenheit und das führte schließlich dazu, daß mich mein Vater mit 8 Jahren in den Jugendverein von TSV Haar hineinboxte. Das war nämlich damals gar nicht so einfach, weil es früher noch keine Bambino-Mannschaften gab, aber bei mir drückte man ein Auge zu.

Ich spielte also schon als 8jähriger unter 10jährigen und das erfüllte mich mit Stolz. Später ließ diese Fußball-Leidenschaft nicht nach, doch kamen ehrgeizige Ziele dazu. Neben meiner Fußballerei war ich auch noch Turner. Einmal wurde ich sogar Erster bei einer Kreismeisterschaft. Und diese sportliche Kombination hat meinen Körper elastisch gemacht und mir später als Tormann sehr genützt. Trotzdem möchte ich heute jedem ehrgeizigen Sportler abraten, mehrere Sportarten nebeneinander zu betreiben. Denn man kann aus meiner Sicht Spitzenleistungen nur aus sich herausholen, wenn man seine Energien auf eine Sportart konzentriert. Und noch etwas: Wer im Teenageralter in einem Sport aufgeht, der hat immer ein Leistungsziel vor Augen, und Mädchen werden nicht den ersten Rang einnehmen. Ein junger Mensch, welcher keine sportlichen Ideale hat, der weiß oft nicht, was er mit seiner Freizeit soll, der ist wie ein Blatt im Wind und läßt sich treiben. Wer aber so wie ich als junger Mann sehr eng mit dem Sport verbunden ist, der will automatisch Leistungen erbringen.
Ich konnte es von einem Sonntag auf den anderen nicht erwarten, so verrückt war ich auf das Spiel.

Man muß schon ein Fußballnarr sein, wenn man als 16jähriger freiwillig viermal pro Woche bei jedem Wetter zweimal 25 km auf dem Moped zurücklegt, um sich dann von seinem Trainer in die Mangel nehmen zu lassen. Ich war so sportverrückt, aber ich habe es nie bereut.

Von der Kraft eines Wunsches hängt oft eine Karriere ab

Übertriebener Ehrgeiz führt nicht selten zu irgendeinem Komplex. Aber ohne Ehrgeiz kann kein großer Wunsch reifen. Denn Ehrgeiz löst Wünsche aus. Wer Wünsche richtig einzuschätzen vermag, der kann sich seine Karriere im wahrsten Sinne des Wortes ,,erträumen''. Da kann aus einem ,,Dämpfer'' plötzlich ein Ansporn werden. Da können Lacher erst den Ausschlag geben. Da führt ein Gefühl der Minderwertigkeit oft erst zum Erfolg. Ich habe es selbst mehrfach erlebt. Zum Beispiel als der ,,Radi'' beim Sportlerball in München Faschingsprinz wurde und ich als armes Würstchen unbeachtet in der Menge saß. Ich habe mich darüber sehr geärgert und auch die Worte vom Kollegen Borutta, der mir zuflüsterte: ,,Nicht ärgern, Sepp, eines Tages bist Du größer als er!'', konnten mich nicht trösten.

Er hat zwar recht behalten, aber nicht zuletzt deswegen, weil ich mir damals so sehr wünschte, auch einmal oben als Prinz zu stehen. Einige Jahre später hat sich dann der Wunsch erfüllt. Ich durfte mit der Hürdenläuferin Inge Schell eine ganze Münchner Ballnacht lang als Faschingsprinz regieren. Das war ganz pfundig! Ein anderes Beispiel von der Kraft des Wunsches: als man meine Münchner Konkurrenz ,,Radi'' zum Sportler des Jahres krönte, aber von unserer Mannschaft keiner in der Presse erwähnt wurde. Nicht einmal Franz Beckenbauer! Wieder brach bei mir ein unbeschreiblich starkes Verlangen durch, was ein paar Jahre später zum Erfolg führte. Nein, ich überflügelte ,,Radi'' sogar: man wählte mich gleich zweimal hintereinander zum Sportler des Jahres. Man sieht allein schon an diesen zwei Beispielen, wie sehr einen ein Wunsch beflügeln kann, viel zu erreichen. Er mobilisiert ungeheure Kräfte physischer und psychischer Art. Wer stark wünscht, betreibt unbewußte Autosuggestion. Natürlich wußte ich damals nichts davon. Durch die ständige Beschäftigung mit meinem Ziel löste

mein Unterbewußtsein jeweils die richtigen Entscheidungen aus. Alles, was ich im Laufe meiner Entwicklung erreichte, habe ich mir vorher innigst gewünscht. Ich träumte jede Nacht davon. So zum Beispiel damals, als ich um jeden Preis bei der Weltmeisterschaft 1966 dabei sein wollte. Die Chancen dafür waren aber eher schlecht, weil noch die Torhüter Manglitz, Bernhard und Tilkowski vor mir standen. Das wollte ich nicht wahrhaben.

Ich verbiß mich förmlich in mein Ziel und erlebte seelisch eine sehr kritische Zeit.

Ich trainierte wie ein Besessener und sagte mir immer wieder: du mußt es schaffen. Und ich schaffte es auch! Natürlich nicht durch den Wunsch allein. Ich bot einfach die bessere Leistung und Herr Schön hat das nicht übersehen. Die Qualität der Wünsche liegt im geistigen Vorstellungsvermögen. Was man erreichen will, muß geistig vorerlebt werden. Dazu fällt mir folgendes Erlebnis ein.

Als ich 1974 bei der Siegerehrung im Olympiastadion nach dem Endspiel die Ehrenrunde lief und der begeisterten Menge meine Handschuhe zuwarf, glaubte ich, diesen Augenblick schon einmal erlebt zu haben. Hatte ich ja auch! Ich hatte mir diesen Sieg ja schon Monate vorher in den schillerndsten Farben ausgemalt. Dieses Erlebnis hatte mich damals allerdings selbst verblüfft. Heute weiß ich aber, daß ein Mensch mit gutem Vorstellungsvermögen die größeren Chancen hat, etwas zu erreichen. Auch Edison hatte sich seine erste Schallplatte zuerst im Geiste vorgestellt, ehe er an sein Werk ging. Und Jules Vernes Visionen – das Telefon, die Reise zum Mond, etc. – gehören heute zur selbstverständlichen Realität.

Alle großen Männer der Geschichte haben zuerst von dem scheinbar Unerreichbaren geträumt, ehe es Wirklichkeit wurde. Auch ich als ganz junger Fußballspieler ging diesen Weg und hatte Erfolg.

Das gesteckte Ziel besiegt jeden Zweifel

Ohne Ziel ist man wie ein Schiff ohne Steuer. Man schaukelt zwischen vielen Interessen dahin und läßt sich vom Zufall treiben. Wer aber im Fußball viel erreichen will, muß schon in jungen Jahren sein Talent erkennen und sich Ziele setzen. Man soll ruhig Luftschlösser bauen und seiner Phantasie Lauf lassen und davon träumen ein großer Fußballstar zu werden. Das macht innerlich stark und regt den Ehrgeiz an. Aber man sollte sich ebenso ernsthafte Gedanken machen, wie man seine Ziele zuverlässig erreichen kann.

Erfolg braucht Zeit. Und je höher das Ziel ist, desto mehr Zeit muß man einplanen. Ich habe mir jeden einzelnen Schritt in Gedanken festgelegt, weil ich instinktiv fühlte, daß man große Ziele sicherer erreicht, wenn man sie in mehrere Etappen teilt. Das ist wichtig, denn vom Amateur bis zum Profi ist ja bekanntlich ein langer Weg. Um eine gewisse Leistungsspitze als Tormann zu erreichen, halte ich es für unbedingt wichtig, daß er auch ein guter Fußballer ist und schon von frühester Jugend an gespielt hat. Beginnt er nämlich erst mit 15 oder 16 Jahren, so führt das nur in seltenen Ausnahmen zum Erfolg. Hat aber ein Junge Talent, dann muß er schon mit 9 oder 10 Jahren seine Fähigkeiten schulen. Mag sein, daß es bei weitem nicht so schön ist, schwitzend hinter einem Ball herzulaufen, als ins Kino zu gehen oder als 16 oder 17jähriger das Tanzbein zu schwingen. Aber wenn man auf ein Ziel richtig eingeschworen ist, dann ist dafür kein Opfer zu groß. Auch ich hatte als junger Spieler Ziele, auf die mein ganzes Wollen und Wünschen gerichtet war. Und es machte mir deshalb wenig aus, wenn ich viele Stunden durchfroren auf meinem Moped zubrachte, um meinen Verein zu erreichen und nach dem Training oft zum Umfallen müde war. Denn ich wollte ja hoch hinaus. Nur nicht im Mittelmaß stecken bleiben, dachte ich immer. Dort wo die Großen des Fußballs stehen, dahin wollte auch ich. Es war den Versuch wert, viel zu investieren. Das hohe Ziel lohnte alle Anstrengungen.

Ich sagte mir, es gibt Tausende von Sepp Maier, die vielleicht mit den gleichen Träumen und Wünschen ins Training gehen. Aber ich schwor mir, daß mich niemand an Ehrgeiz und Trainingsfleiß übertreffen durfte. Ich wollte ja so bekannt werden wie z. B. Uwe Seeler, Willi Schulz, Hans Tilkowski.

Ich träumte davon, daß mir Fachleute eines Tages bestätigen würden: Maier ist im Tor König. Aber bis es soweit war, mußte ich viele Feuertaufen überstehen und viele Hürden nehmen.

Eines der aufregendsten Ereignisse in meinem jungen Fußball-Leben war es, als mich Helmut Schön für das Länderspiel der A-Mannschaft in Dublin gegen Irland aufstellte. Denn so wohl war mir nicht bei dem Gedanken, es mit den irischen Stürmern aufnehmen zu müssen, die dafür bekannt sind, daß sie den Schlußmann hart angehen. Doch nach außen hin trug ich Optimismus zur Schau. Ich sagte mir, ein guter Tormann kann sich nur dann steigern, wenn er sich an einem Gegner von Klasse erproben kann. Hier hatte ich meine erste große Chance und ich langte kräftig zu: wir siegten 4:0. Man muß sich immer wieder vorsagen, wenn man etwas mit genügender Kraft will, wenn man sein Ziel mit jeder Faser seines Seins erstrebt, dann erreicht man es auch und besiegt jeden Zweifel. Ich glaube, das beste Mittel um Zweifel zu überwinden, ist, sich über seine Probleme mit jemandem auszusprechen. Denn es hat keinen Sinn, Probleme in sich hineinzufressen. Das verschlimmert die Sache nur. Kleine Krisen sollte man nicht tragisch nehmen. Jeder hat sie. Als junger Spieler schwankt man öfter zwischen Höhenflug und Bruchlandung. Bittere Stunden bleiben keinem Fußballer erspart. Als Sportsmann muß man Niederlagen mit Würde zu tragen wissen. Mir blieben sie auch nicht erspart. Zum Beispiel als mir die 3:7 Niederlage im Pokalspiel gegen die Schwaben aus Augsburg den Spitznamen ,,Der-Sieben-Tore-Maier" eingebracht hat. Ich trug ihn mit Fassung, denn ich hatte ihn ja verdient. Aber deshalb an mir zu zweifeln? Niemals! Aber es gibt ja noch so allerhand andere Grübeleien, die man als junger Spieler mit sich herumschleppt. Zum Beispiel Fragen wie: Haben die gleichaltrigen Freunde recht, die nicht ständig wie ein Pfeil auf der Bogensehne leben, die nicht jede ihrer Handlungen zu sezieren brauchen, die tun und lassen können, was ihnen gefällt, die das Leben wie ein Spiel leben, sich dem Augenblick hingeben und der Freundin ihre Freizeit widmen können? Oder wenn man darüber nachgrübelt, ob man gut genug gespielt hat, um beim nächsten Auswahlspiel wieder einberufen zu werden.

Ich wußte ja, daß bei Herrn Schön nur die Besten der Besten eine Chance hatten. Hier nützte kein ,,Radfahren" und Bangen, sondern nur die Leistung. Denn sechs der besten Auswahltorhüter standen zu meiner Zeit Helmut Schön zur Auswahl. Jedem winkten Reisen ins Ausland und Kämpfe in den schönsten Stadien der Welt. Jedem stand das Tor zur Spitze offen und jeder wollte durch dieses Tor. In solchen wichtigen Augenblicken der Entscheidung können einem leicht Zweifel kommen. Doch mit Zuversicht und etwas Glück kann man es schaffen. Mir war das Glück jedenfalls hold.

Ansatzpunkte des Erfolgs

»Voraussetzungen«

In den meisten Lehrbüchern kann man lesen, daß der ideale Tormann ein Hühne mit athletischer Gestalt sein muß.

Wenn ich das damals als Fußballknirps gelesen hätte, wäre mir vielleicht der Mut vergangen, mich als 15jähriger Dreikäsehoch für TSV Haar gegen den überlegenen FC Bayern ins Tor zu stellen. Damals war ich nämlich nur 1,60 Meter groß und wog ganze 40 Kilo, aber das Tor ist ja 2,44 Meter hoch und 7,32 Meter breit. Die Bayern hatten deshalb geglaubt, sie könnten mir alle Bälle hoch hineinpfeffern. Aber da hatten sie sich mächtig getäuscht. Wie der Ball auch kam, irgendwie kriegte ich ihn doch, ganz gleich, aus welcher Entfernung die rothosigen Fußball-Buben das Leder auch abfeuerten. Das war, bevor mich der Jugendtrainer Weiß vom TSV Haar zum FC Bayern holte. Meine späteren Kameraden spöttelten damals oft: ,,Wie kann nur ein solcher Knirps einen so großen Ball halten?" Nun, aus dem besagten Knirps ist im Laufe der Zeit ein Tormann von 1,83 Meter geworden. Aber ich habe auch schon vorher gefährliche Schüsse gehalten. Bis zu meinem 17. Geburtstag stand ich 14mal im Tor der deutschen Jugend-Auswahl, ohne das geforderte Idealmaß zu haben. Aber die noch fehlenden Zentimeter glich ich durch mehr Hüftbeweglichkeit, mehr Spurt- und Sprungkraft, Kondition und Wendigkeit aus.
Wer also noch ein Knirps ist, braucht deshalb nicht zu verzagen. Denn Grundvoraussetzung für einen guten Tormann ist und bleibt es, daß er auch ein guter Fußballer ist und schon von frühester Jugend an gespielt hat. Aber nun kommen wir zu den drei wichtigsten Voraussetzungen, die einen guten Tormann ausmachen:

1. Seine körperliche Verfassung

Seit der Schaffung der Bundesliga ist nicht nur das Spieltempo im Fußball schneller, sondern auch die Spitze breiter geworden. Athletische Härte, technische Perfektion und konditionelle Stärke nehmen zu. Daher haben heute nur jene Nachwuchsleute eine Chance, die sich von früher Jugend an auf diesen Leistungsstreß vorbereiten. Eisernes Training sowie eine überdurchschnittliche Selbstdisziplin erhöhen neben einem durchtrainierten Körper und einer guten Sehkraft die Chancen, in die erste Liga aufzusteigen und auch finanziell voranzukommen. Denn der Körper muß wie eine gespannte Stahlfeder funktionieren, die Wendigkeit muß blitzartig und die Fangtechnik vollkommen austrainiert sein.
Dann gelingt der große Sprung.

2. Seine Reaktionsfähigkeit

Reaktion ist angeboren. Aber wie schnell man reagiert, ist auch eine Frage des geschulten Blicks, des klaren Kopfes und der körperlichen Verfassung. Wenn man über eine gute Reaktionsfähigkeit verfügt, schnell auf den Ball zufliegt, dann braucht man als Tormann erst dann zu reagieren, wenn der Schütze den Ball abschießt. Nur wer sich auf seine Reaktion nicht verlassen kann, wirft sich

1

schon vorher in eine Ecke und muß dann meist ein Tor hinnehmen. Richtiger ist es das Standbein des Schützen zu beobachten und dann im entscheidenden Moment handeln. Wie schon oben erwähnt, ist das Reagieren auch eine Frage der jeweiligen Tagesverfassung. Für einen ehrgeizigen Tormann ist ausreichender Schlaf unentbehrlich. Nur wer körperlich und geistig voll da ist, kann optimal reagieren.

3. Seine Konzentrationsfähigkeit

Was über ausreichenden Schlaf gesagt wurde, trifft auch auf das Konzentrationsvermögen zu. Denn nur wer sich 90 Minuten lang voll auf das Spiel konzentrieren kann, hat die Situation stets im Griff, kann bei Überraschungsangriffen prompt und richtig reagieren und etwa durch Herauslaufen den Ball schon vor der 5-Meter-Linie abfangen, um ihn ins Spielfeld zurück zu schießen. Der Könner im Tor läßt sich auch durch Zurufe nicht aus der Fassung bringen, er unterliegt auch keinen Stimmungsschwankungen oder Gefühlsausbrüchen während des Spiels. Er konzentriert sich nur auf das Spiel, dirigiert die Abwehr, beherrscht den Strafraum und ist ein König im Stellungsspiel.

Wer zu diesen genannten drei Hauptvoraussetzungen noch gute Nerven mitbringt, der hat gute Ansätze für einen steilen Erfolg. Aber um Erfolg zu haben, braucht man auch die Erfahrung als Feldspieler. Mir hat sie viel genützt. Denn ich konnte mich dadurch besser in die Situation eines Angreifers hineindenken – ich habe sie praktisch vorausgeahnt.

Wenn man selber Stürmer gewesen ist, lernt man auch die verschiedensten Torwartgewohnheiten kennen. Ich spielte zum Beispiel am Samstag in der zweiten Mannschaft im Sturm und am Sonntag in der ersten im Tor. Das hilft einem beim Stellungsspiel. Man kann vorausahnen, was der Gegner machen wird, wenn er 20 oder 30 Meter vor dem Tor ist. Dieses Fingerspitzengefühl kann man eben nur bekommen, wenn man selbst mal Angreifer war. Neben der Katzengewandtheit und Reaktionsstärke braucht man aber noch eine gehörige Portion Mut. Denn es gibt für einen Tormann genug Situationen, in denen er etwas riskieren muß, z. B. wenn er sich mit vollem Einsatz vor die Füße des Gegners wirft. Da entscheiden keinesfalls nur das Können, sondern auch sein Mut, seine Körperbeherrschung und nicht zuletzt die Reaktionsfähigkeit. Aber bei einer guten Einschätzung der Situation ist die Chance ziemlich groß, gut über die Runden zu kommen. Als junger Tormann ist man meist noch etwas unausgeglichen, besonders, wenn man einmal ein schlechtes Spiel macht. Dann denkt man beim nächsten Spiel: „Mensch, hoffentlich passiert mir nicht das gleiche wie beim letzten Spiel . . .!“ Ich will damit sagen, man denkt viel zuviel über seine möglichen Fehler nach. Aber das soll nicht heißen, daß ich mir jetzt mit 33 Jahren keine Gedanken mehr über Fehler mache. Man hat nur schon wesentlich mehr gute Spiele hinter sich und daher allen Grund, auch

Minuspunkte des Erfolgs

»Hindernisse«

weiterhin optimistisch zu sein. Das ist ein Vorteil der Erfahrung.

Zwischen früher und heute hat sich einiges geändert. Heute muß der Tormann physisch austrainiert sein und wird auch psychisch viel mehr geschult. Heute wird vor jedem größeren Spiel autogenes Training gemacht, hierbei werden einzelne Spielzüge im voraus geistig geübt und eingeprägt.

Wenn man zum Beispiel gegen Engländer spielt, die viel flanken, muß man als Tormann viele Flankenbälle abfangen. Anders ist es bei den Südamerikanern. Sie sind so ballverliebt, flanken selten und kommen mehr durch die Mitte auf das Tor zu. Dies kann man sich schon 1 Tag vor Spielbeginn einprägen, so daß man am Spieltag nicht überrascht werden kann.

Zu den schon erwähnten Belastungsproben kommt noch eine psychische: die Verantwortung. Im Gegensatz zu einem Feldspieler ist sein spielerischer Einsatz seltener, aber dafür muß er umso impulsiver sein. Er hat ja nicht wie der Feldspieler die Möglichkeit, seine Fehler im Laufe des Spiels wieder wettzumachen – eine falsche Reaktion und schon fällt ein Tor. Er kann auch seine durch Höchstspannung aufgeladenen Aggressionen bei niemandem abladen, denn er steht 90 Minuten lang wie eine Katze gespannt im Tor. Kein Wunder also, wenn man als Tormann ebensoviel Energie verbraucht, wie als Feldspieler. Eine ständige Nervenanspannung kostet eben Kraft.

Kein Mensch kann von seinem Körper Höchstleistungen erwarten, wenn er die Naturgesetze mißachtet. Wer sich vor einem Spiel lieber die Nacht um die Ohren schlägt, als durch ausgiebigen Schlaf die Kraft für den nächsten Tag zu finden, der braucht sich nicht zu wundern, wenn er am Spieltag versagt. Wer dazu noch die Ernährung übersieht und seinen Körper mit Nikotin und Alkohol vollpumpt, der sollte am besten gleich seine Fußballstiefel an den Nagel hängen. Denn seine mangelhafte Konzentration und Reaktionsfähigkeit würden bloß die Mannschaft um den Erfolg bringen.

Natürlich hat man von einem bestimmten Alter ab eine Freundin, die vielleicht mehr Zeit fordert, als man neben seinem Sport erübrigen kann.
Hier muß man eben entscheiden, was wichtiger ist.

Eines ist aber sicher: Wer schon während des Trainings dauernd auf die Uhr schaut oder wegen Mädchen Trainingsstunden ausläßt, aus dem kann kaum ein Nationalspieler werden. Der wird immer in unteren Mannschaften stecken bleiben.
Wer sich aber Großes vorgenommen hat, der sollte unbeirrt seinen Weg gehen, auch wenn es manchmal hart ist. Am Tag des Erfolgs sind alle Entbehrungen vergessen.

Hartnäckig am Ball bleiben. Erfolg braucht Zeit

Ausdauer ist ein wichtiger Bestandteil des Erfolgs. Wer schon auf halben Weg aufgibt, bleibt meist auf der Strecke. Nur der beständige Kampf um die bessere Leistung bringt einen zügig voran. Schritt für Schritt, von Tag zu Tag, von Jahr zu Jahr. Niemand weiß das besser als ich.

Ich habe die Durststrecke der Entbehrungen selbst kennengelernt. Ich weiß, daß die Anfangsjahre verdammt hart sein können und man manchmal vor Ungeduld zerspringt. Uns daß man nicht nur leistungsmäßige Krisen, sondern auch private haben kann. Daß man mit Unzufriedenheit, Kritik und Zweifel fertig werden muß. Aber wenn man einmal eine bestimmte Stufe bei einem Verein innerhalb einer Mannschaft erreicht hat, wenn man die Chance sieht, einmal Profi werden zu können, dann sollte man unbedingt weitermachen. Der Erfolg zeigt sich oft erst nach Jahren.

Für mich stellte sich niemals die Frage, weiterzumachen oder aufzugeben. Ich verfolgte von Anfang an stur mein Ziel. Mich hungerte es nach guten Leistungen und jedes gewonnene Spiel stachelte meinen Leistungswillen noch mehr an.

Krisen lassen sich durch Ausdauer überwinden, denn jede Pechsträhne hat einmal ein Ende.

Wie lange man auf seine Chance warten muß, liegt meist an einem selbst. Denn herausragende Leistungen haben zu allen Zeiten Beachtung gefunden – beim Trainer, beim Publikum, bei der Presse. Und Leistungen sprechen sich rasend schnell herum. Ich fiel ja auch dem Jugendtrainer vom FC Bayern auf und auch der neue Trainer „Tschik" und Helmut Schön haben mein Talent nicht übersehen. Es kann natürlich auch einmal vorkommen, daß ein Fußballer im Frühjahr Glanzleistungen bietet und im Herbst gänzlich absackt.

Aber das liegt meist am Spieler selbst. Die Natur handelt nach dem Gesetz von Ursache und Wirkung. Nichts kommt von selbst, alles hat seinen Grund. Deshalb sollte man lieber bei einer gesunden Lebensweise bleiben, auf seine Leistungen, auf seine Konzentrationsfähigkeit, auf sein Talent und seinen durchtrainierten Körper vertrauen. Dann kann man mit mehr Zuversicht ins Spiel gehen und den Angriffen gelassener entgegensehen. Denn dann wird man auf Schüsse sicherer reagieren.

Ein guter Tormann muß nicht nur sicher fangen können, sondern auch seine Nerven im Griff haben. Ein zappeliger Tormann steckt meist die ganze Mannschaft an und erbringt selbst nur 50% seiner Leistung.

Natürlich können einen böse Zurufe aus dem Publikum auf die Palme bringen oder ungerechtfertigte Pressemeldungen fuchsteufelswild machen. Mir hat man sogar einmal in Essen ein Messer nachgeworfen. Doch sich darüber aufregen, bringt nur dem Gegner einen Vorteil. Hier sollte man sich nicht in explosiven Ausbrüchen verlieren, sondern nur an sein Ziel denken. Was macht es schon aus, wenn man mal für ein, zwei Monate auf die Ersatzbank muß, während sich die Konkurrenz die Lorbeeren holt? Wenn man sich ernsthaft vorgenommen hat, der beste Tormann der Welt zu werden, dann kann man das mit Talent, Ausdauer und etwas Glück schon erreichen. Es kommt eben nur darauf an, daß man nicht locker läßt, sondern gegenüber den Wogen der Kritik standhaft bleibt und unbeirrt seinen Weg fortsetzt
. . . steil nach oben, bis das Ziel erreicht ist.

Ich orientierte mich an den Leistungen meiner Vorbilder

Man kommt als junger Spieler schneller voran, wenn man seine Leistungen an der seiner Vorbilder mißt. Denn nur von Könnern kann man lernen; sie zeigen den Grad des Erreichbaren auf und spornen einen jungen Sportsmann dynamisch an. Idole werden bewußt und unterbewußt zum magischen Leitbild eines heißersehnten Ziels. Man nimmt sich vor, eines Tages auch so gut, und so bekannt zu sein wie sie. Man vollzieht im Geist die selben artistischen Bravourstücke und eifert ihnen in jeder Beziehung nach. Auch ich hatte Idole, die mich faszinierten.

Schon als Fußballknirps ließ ich keine Fernsehsendung aus, wenn eines meiner Idole im Tor stand. Und zwischen den Halbzeiten rannte ich mit meinem Bruder hinters Haus und ließ mir aufs Tor schießen. Dabei imitierte ich beim Fangen die gleichen Posen wie mein Idol. Das muß für Außenstehende komisch gewirkt haben, aber für mich war es das Größte. Meine Vorbilder habe ich nie persönlich kennengelernt, aber mir viele ihrer Tricks und Fangtechniken eingeprägt. So kannte ich mich schon prima im Tor aus, ehe ich offiziell zum Tormann wurde. Denn wie ich schon sagte, wollte ich ja immer Stürmer werden. Doch so paradox das klingen mag, meine Idole suchte ich mir immer unter den Torleuten aus. Offensichtlich haben mir ihre Leistungen immer besonders imponiert.

Das kann daran gelegen haben, daß ich in der Jugendelf selbst schon mal Torschützenkönig werden konnte.
Einen scharf geschossenen Ball zu halten, fand ich wahrscheinlich schwieriger, als ihn zu schießen. Vielleicht habe ich mich deshalb unbewußt mit guten Torhütern enger verbunden gefühlt. Idole wecken den Ehrgeiz in einem jungen Mann und bieten den optimalen Maßstab für eigene Leistungen. Meine Vorbilder verloren erst ihre Wirkung, als ich selbst so gut war wie sie. Manche habe ich sogar überrundet. Und heute bin ich selbst für viele ein Idol. Das legt Verantwortung auf. Schließlich will man seine Fans nicht enttäuschen. Doch nichts ist schwieriger als dauerhaft top zu sein. Es ist schon eine Glanzleistung in die Nationalelf zu kommen. Aber über viele Jahre oben zu bleiben, erfordert Höchstleistungen am laufenden Band. Denn die Konkurrenz ist dicht auf den Fersen und das Leistungssoll nimmt von Jahr zu Jahr zu. Das merkt man am besten, wenn man sich Fußballspiele von früheren Jahren ansieht.

Heute herrscht in all' unseren Fußballstadien ein Kampfgeist wie bei den Gladiatoren Roms. Der einzige Unterschied liegt darin, daß wir nicht gegen Löwen kämpfen müssen. Aber die Presse kann manchmal viel ,,bissiger" sein.

So kam ich zu Selbstvertrauen

Wer seine Fähigkeiten richtig einschätzt,hat keinen Grund, an sich zu zweifeln. Denn was in einem steckt, kann jeder durch Fleiß aus sich herausholen.

Ich hob also meinen noch unsichtbaren Schatz ,,Talent" und vertraute fest darauf.

Natürlich fragt sich jeder von einem bestimmten Alter an, ob er das Zeug hat, um zum Beispiel eines Tages als Profi seinen Lebensunterhalt zu bestreiten oder ob es besser ist, den Fußball weiterhin nur als Hobby zu treten.

Bei mir stellten sich diese Fragen erst, als mich der Jugendtrainer von FC Bayern von TSV Haar zu den Bayern als Tormann holte und ich von Erfolg zu Erfolg eilte: von der Bayerischen Jugendauswahl in die Süddeutsche und von da in die Deutsche Jugend-National-Mannschaft.

Innerhalb dieser steilen Aufwärtsserie habe ich mich oft gefragt, ob und wie es mit mir eines Tages weitergehen soll. Dabei kann das Selbstvertrauen sehr strapaziert werden. Keiner weiß ja in diesem Leistungsstadium etwas von seinem Glück. Mit dieser Ungewißheit muß man fertig werden und sich alles reiflich überlegen und sich fragen, was will ich wirklich und zu welchem Einsatz bin ich dafür bereit. Natürlich gehört dazu auch die Fähigkeit, sich nichts vorzumachen.

Jeder muß bei solchen Fragen ehrlich zu sich sein und nicht mehr wollen als er kann. Er muß sich hart prüfen, ob er innerlich und äußerlich stark genug ist, um die harten Anfangsjahre zu überwinden und in sich hineinhören, ob genug Selbstdisziplin und Motorik vorhanden sind, um aufkommender Trägheit oder Unlust zu begegnen.

Im Teenager-Alter kann dies öfter vorkommen, wenn andere zum Bummeln gehen, während man sich selbst in den Dreck wirft. Jeder muß sich überlegen, ob er genügend Ausdauer und Fleiß besitzt, um Spitzenleistungen erbringen zu können.

Auf solche Fragen die richtige Antwort zu finden, fällt mit Sicherheit leichter, wenn man mit Leib und Seele Fußball spielt. Eine Entscheidungshilfe können auch Kameraden, der Trainer oder die Eltern sein. Es kommt eben immer darauf an, was jeder anstrebt. Wenn es einem genügt, von der C-Mannschaft in die B-Liga aufzusteigen, dann reicht es ihm, mittelmäßige Leistungen zu erbringen. Dafür gibt es dann auch Zeit und die Freude, mit seinen Mannschaftskameraden nach dem Spiel ein feuchtfröhliches Gelage zu vollziehen. Aber dann sollte man den Fußball auch nicht zum Beruf erheben. Sonst bleibt mit Sicherheit der Erfolg aus. Ich spielte Fußball aus Leidenschaft; deshalb ging ich auch meist selbstbewußt auf den Platz. Für mich war ja Hauptsache, daß ich jeden Sonntag im Tor stand, darauf habe ich mich die ganze Woche gefreut und hart dafür trainiert. An dieser Lust am Spiel hat sich bis heute nichts geändert. Ich hätte mich auch in unteren Fußball-Klassen voll eingesetzt. Das war sicher einer der Gründe, warum ich Trainern auffiel. Diese erfahrenen Leute erkannten, daß es in mir brennt, daß ich fußballerisch großes Talent habe und daß ich ehrgeizig genug war, um ganz nach oben zu kommen. Und sie machten auch kein Hehl daraus, mir das zu sagen.

Das stärkt natürlich das Selbstbewußtsein und spornt zu neuen Taten an.

Wem also der Trainer sagt, er habe das Zeug, um als Profi voranzukommen, dann sollte er unbedingt mitziehen. Der Trainer kann das sicher besser beurteilen als der junge Spieler. Er beobachtet ihn ja laufend bei der Arbeit. Er kennt die Vorzüge und weiß auch die Schwächen richtig einzuschätzen. Nur er kann einen spielerisch zu einem gewissen Höhepunkt bringen. Aber vor der steilen Karriere muß erst 3–4 Jahre hart trainiert werden. Nur dann kann man feststellen, was in einem steckt. Wer das unterläßt, erfährt nie, wie gut er ist und ein Talent geht vielleicht dadurch verloren. Auch wer schon im Kader eines Bundesliga-Vereins spielt, also Profi ist, bleibt nicht davon verschont, daß er als junger Spieler zu grübeln beginnt. Das Training füllt einen nicht voll aus, wenn man vorher einen Beruf und seinen Sport gehabt hat. Da kommen oft die schwärzesten Gedanken und eine Verunsicherung tritt ein. Hier kann ich jedem raten, die Freizeit nicht totzuschlagen, sondern sich auf alles zu stürzen, was es über Fußball zu wissen gilt. Schließlich ist der Profisport ein Beruf, und je besser man über ihn Bescheid weiß, desto sicherer kommt der Erfolg. Beim Übergang von Amateur zum Profi sollte jeder versuchen, den derzeitigen Beruf halbtags fortzusetzen. Das habe ich auch so gemacht. Es hat den Vorteil, daß man eine gewisse Rückendeckung hat, das Profirisiko senkt und jederzeit zurück kann, falls einen der Beruf als Profi nicht voll ausfüllt. Aber das ist selten. Den meisten gefällt es so gut, daß sie am liebsten „steinalt" werden möchten. Ich gehöre wohl auch dazu.

Was der Trainer für richtig hält, kann nicht falsch sein

Von meinem Jugendtrainer Weiß habe ich erfahren, daß die Zufriedenheit mit sich selbst der Anfang vom Ende ist. Vom kleinen, rundlichen Erfolgstrainer ,,Tschik“ die Weisheit, daß man ein Ding nur ganz, nicht halb tun darf, um Erfolg zu haben. Beide Ratschläge habe ich aufgesaugt, wie ein Löschblatt die Tinte und sie haben sich bei mir glänzend bewährt. Beide Trainer waren für mich schicksalsbestimmend: Herr Weiß hat in dem Stürmer Maier den Tormann Sepp Maier gesehen und mich von TSV Haar ins FC Bayern-Tor geholt, Herr ,,Tschik“ wollte eine junge Mannschaft aufbauen und stellte mich als die Nummer 1 ins Tor des FC Bayern. Aber keiner der Trainer hat mir den Erfolg leicht gemacht. Ich erinnere mich noch gut, wie Herr Weiß nach jedem Spiel jeden einzelnen Spieler durch die Mühle der Kritik gedreht hat, wie er mir unerbittlich meine Fehler vorgehalten und korrigiert hat und mir klarmachte, daß ich noch weit davon entfernt sei, so gut zu sein, wie ich junger Hupfer von mir geglaubt hatte. Mein Abstoß sei miserabel gewesen, ja, er habe sogar eine Gefahr für die Mannschaft heraufbeschworen, den Gegner ,,bedient“. Den Kracherlschuß des gegnerischen Spielers hätte auch seine Großmutter mit der linken Hand abgewehrt. Der Sepp aber habe sich gleich um einen ganzen Stadtteil verrechnet.

Ich höre diese fruchtbare Kritik noch in meinen Ohren und ich erinnere mich noch genau, daß ich ihm nach den sechs Spielen des UEFA-Turniers in Portugal gerne einige Male die Hand dafür gedrückt hätte, weil er mir so gut beigebracht hatte, die Schüsse zu berechnen.

Rudi Weiß und seine legendäre Großmutter hätten bei meiner damaligen Torartistik sicher ihre Freude gehabt, denn ich hatte bei den sechs Spielen nur ganze drei Bälle passieren lassen. Trainer ,,Tschik“ war genauso fußballverrückt wie ich, wie fast alle von uns. Er erst machte aus uns eine richtige Mannschaft. Natürlich kann auch der beste Trainer nur das aus seiner Mannschaft herausholen, was in ihr drinnen steckt. Aber nicht jedem gelingt das. ,,Tschik“ Cajkovski ist mit seiner Elf berühmt geworden. Der einstmalige brillante Außenläufer der jugoslawischen Nationalelf ging instinktsicher, mit viel Feingefühl und Können an uns heran und formte uns systematisch zu einer sieggewohnten Elf. Er trainierte uns dreimal täglich und das nicht zu knapp. Der Fußballtag begann z. B. nach einer Sommerpause um 7 Uhr. Es folgte eine Stunde Warmlaufen und Gymnastik. Um 8 Uhr entschädigte das Frühstück für die überstandene Schufterei. Um 9 Uhr war gewöhnlich Besprechung. Da wurde kritisiert und die Schwächen jedes Einzelnen ganz offen besprochen. Von 10.30 bis 12 Uhr wurde wieder trainiert. Nach dem Mittagessen erfolgte eine Bettruhe bis 16 Uhr. Danach ging's weiter mit Ballübungen, Laufen, Gymnastik.

Und das 10 Tage hintereinander. Aber diese Quälerei muß sein, wenn man zu einer Spitzenmannschaft aufsteigen will. Und wir wollten es ja. Wenn manche junge Spieler glauben, sie wüßten es besser als ihr Trainer, dann irren sie sich gewaltig. Der Trainer hat nämlich meist die größere Erfahrung und genug Weitblick, um ein Talent zu erkennen. Erfolg kann man nur haben, wenn man im Training nicht schludert. Doch es gibt genug Spieler, die nur das Nötigste tun, sich dann aber wundern, wenn ihre Leistung stagniert. Wer jedoch eisern trainiert und die nötige Begabung mitbringt, schafft es bis zur Spitze. Wer nur widerstrebend zum Training kommt, der wird sein Können nicht steigern können. Der ist eben dann nicht aus dem Holz, aus dem man gewöhnlich Nationalspieler schnitzt. Ich selbst habe nie einen ,,Antreiber'' gebraucht, denn ich bin selbst motorisch genug und war immer mit voller Leidenschaft dabei. Ich habe das Training aus einem inneren Bedürfnis heraus gemacht, aber auch, weil ich mir als junger Spieler wünschte, hoch hinauf zu kommen.

Keiner kann Höhenflüge erleben, der bei Tiefpunkten resigniert

In der stürmischen Entwicklung einer Spieler-Laufbahn kann es immer wieder vorkommen, daß man einen Tiefschlag erhält. Aber das darf kein Grund sein, gleich die Flinte ins Korn zu werfen.

Auch ich habe in jungen Jahren spielerische Tiefpunkt-Phasen erlebt, aber deshalb zu resignieren, fiel mir nicht ein. Im Gegenteil.

Ich habe Tiefpunkte immer als Herausforderung angesehen, als Ansporn zur Tat. Und unterbewußt tat ich das einzig Richtige: ich stürzte mich noch mehr in die Trainingsarbeit und wollte erst recht mir und anderen beweisen, was in mir steckt.

In solchen Trübsalsphasen ist es wichtig, sich seine vergangenen Leistungen ins Gedächtnis zu rufen. Das hilft! Denn dabei kann man sehr rasch feststellen, daß es eigentlich gar keinen Grund gibt, den Kopf hängen zu lassen. Aus meinen persönlichen Erfahrungen weiß ich, daß auch ein ,,Dämpfer" etwas sehr Positives sein kann, wenn er als Ansporn betrachtet wird. Nach jedem Tiefpunkt folgt gewöhnlich ein Höhepunkt, wenn man dazu die Voraussetzungen schafft. Es ist natürlich ein Unterschied, ob die Ursache des Tiefs an einem persönlich liegt oder ein Weiterkommen nicht möglich gemacht wird, weil man eine in sich gefestigte Top-Mannschaft vor sich hat, die eine Eingliederung in die Mannschaft auf Monate oder Jahre hinweg verhindert. In so einem Fall wird der Geduldsfaden oft bis zur Zerreißprobe strapaziert. Das junge Talent sitzt mit leistungshungrigen Augen auf der Ersatzbank und wartet ungeduldig auf seine Chance. Ist nun endlich die Chance da, weil einer von der Mannschaft verletzt wurde, und es kommt zu einem Versagen, dann steckt man seelisch noch mehr im Tief. Ähnliches ist schon des öfteren passiert.

Aber wenn einen dies selbst trifft, dann sollte man nicht gleich das Handtuch werfen, sondern für 8 oder 14 Tage ausspannen. Dabei vergißt man den Ärger, gewinnt von seinen Problemen Abstand und genießt die Pause. Bei einem so begeistertem Fußballer wie ich kommt spätestens nach einer Woche Pause die Lust an Spielen wieder. Dann stürze ich mich mit neuem Elan und einer noch nie gekannten Einsatzfreude aufs Leder. Dann fühle ich plötzlich, daß ich aus dem Tief heraus bin.

Im Grunde ist es gar nicht so wichtig, in welcher Mannschaft man spielt, sondern daß man spielt.

Für mich hätte es gar kein so tiefes Tief geben können, um die Fußballschuhe auszuziehen. Ich hätte selbst weitergemacht, wenn man mich in eine untere Liga versetzt hätte. Denn ich spielte immer aus Leidenschaft. Abschalten, Pause machen . . . nach dieser Methode arbeiten übrigens auch die Trainer, wenn ihre Mannschaft mal ein spielerisches Tief hat. In solchen Fällen streut er ins harte Training 3 oder 4 Tage ein, in denen die Mannschaft spielen kann, wie es ihr Spaß macht. Durch eine leistungsmäßige Erholungspause gewinnt die Mannschaft neuen Kampfgeist beim Spiel. Wie schnell jemand ein Tief überwindet, liegt sicher daran, ob seine Mentalität positiv gelagert ist. Das scheint bei mir offensichtlich der Fall zu sein. Denn mir sagt man gewöhnlich nach, daß ich nach einem verlorenen Spiel als Erster mein Lachen wiederfinde. Das stimmt aber nur zum Teil. Denn

wenn ich das Gefühl habe, leistungsmäßig schwach gewesen zu sein, ist auch mir nicht zum Lachen. Dann will auch ich mich für eine Zeit zurückziehen und mit meinen Gedanken allein sein. Wenn wir dagegen ein gutes Spiel gemacht und trotzdem verloren haben, stimmt das, was man über mich sagt. Dann bin ich der Erste, der wieder Gaudi macht.

Man kann nur stark werden, wenn man seine Schwächen erkennt

Nur wer seine Schwächen erkennt, kann sie überwinden. Nur wer dazu bereit ist, sich selbst kritisch zu analysieren, erspart sich die Kritik von anderen. Nach diesem Motto sollte man seine Fußballkarriere aufbauen und sofort mit der Überwindung von Schwächen beginnen. Oft kennen sie die Spieler ganz genau. Aber die wenigsten wollen sie sich eingestehen. Noch weniger unternehmen gezielt etwas dagegen. Dabei lassen sich Schwächen systematisch überwinden, wenn das Talent groß und der Ehrgeiz über dem Durchschnitt ist.

Man darf sich durch Anfangsschwächen nicht entmutigen lassen. Schwächen können sogar ein Glück sein. Denn wenn man daran geht, sie zu überwinden, kann aus einer Schwäche eine Stärke werden. Dann ist man anderen haushoch überlegen. Als junger Tormann hatte ich die schlechte Angewohnheit, mich während des Spiels mit aller Welt zu unterhalten. Ich machte Gaudi, wann immer Gelegenheit dazu war. Wahrscheinlich wollte ich meiner Konkurrenz ,,Radi" nacheifern. Aber das hat mich oft aus der Konzentration gebracht und die Rechnung folgte prompt. Mätzchen während des Spiels sind eine Schwäche, die ich heute überwunden habe. Mein Trainer hat mich deswegen oft gemahnt. Und dafür bin ich heute dankbar. Als junger Spieler läßt man sich durch Zurufe der Gegner oft beinflussen. Da schrie mir mal einer zu: ,,Paß' auf Maier, jetzt hau' ich dir gleich eins rein!", das hat mich so aufgeregt, daß prompt ein Tor gefallen ist. Mit den Jahren gewöhnt man sich daran, daß einem der Gegner durch negative Zurufe aus dem Konzept bringen will.

Da gibt es Spieler, die reden während der 90 Spielminuten ununterbrochen auf den Gegenspieler ein, bis dem der Kragen platzt . . .

Das Reden während des Spiels kann aber auch Aggressionen abbauen und böse Zurufe sind nie bös' gemeint: sie stärken bloß die eigene Courage. Das haben schon die Krieger im Altertum gewußt. So machen es auch die Fußball-Gladiatoren des zwanzigsten Jahrhundert. In diesem Zusammenhang gibt es eine nette Story über den ,,Radi": Radi war im Tor und sah, wie die Spieler seiner Mannschaft die Hand hoben, weil man ,,ABSEITS" gespielt hat. Doch der Schiedsrichter war wohl anderer Meinung. Jedenfalls erfolgte nicht der Pfiff. Der Gegenspieler, der von all dem nichts mitgekriegt hat, stürmte weiter auf das Tor zu, in dem Radi kerzengerade und unbeweglich stand. Als der Stürmer nahe genug war, schrie ihm Radi mit lauter Stimme zu, daß er 5 Meter abseits war. Das hat den Angreifer so verdutzt, daß er den Ball nicht weiterspielte. Darauf nahm der ,,Radi" den Ball und das Spiel ging zugunsten seiner Mannschaft weiter. Eine derartige Reaktion kann zum Erfolg einer Mannschaft führen, wie dieses Beispiel bewiesen hat.

Das Vorausahnen einer Spielsituation gehört zu den größten Fähigkeiten eines Tormanns. Man muß das Spiel im Geist mitspielen, sonst wird man von einem Angriff plötzlich überrascht.

Schwächen in der Strafraumbeherrschung lassen sich kaum antrainieren. Man muß das im Gefühl haben. Mein Freund Lufi Wolter zum Beispiel war auf der Linie einsame Spitze, aber den Strafraum

hat er nicht so souverän beherrscht. Er hat alle Theorien studiert und versucht, durch hartes Training diesen Mangel auszugleichen. Die Folge war, daß er damit zwar sehr viele gute Spiele gemacht hat, doch dann war der Faden wieder gerissen.

Bestimmte Schwächen, besonders solche, die eine Frage des persönlichen Talents sind, kann man zwar durch hartes Training etwas reduzieren, aber nie ganz ausbügeln. Nochmals zurück zu den Theorien. Wenn unser Trainer die Theorie der Abwehr durchspricht, so fallen niemals Tore. Nimmt er daraufhin die Theorie des Angriffs durch, fallen die Tore massenweise. Theorie ist eben bloß Theorie und in der Praxis sieht alles ganz anders aus. Da nützt es nichts, wenn man weiß, daß man bei seitlich postierten Stürmern den Winkel verkürzen muß; sowas muß ganz automatisch aus dem Gefühl heraus kommen.
Für Theorien bleibt bei Blitzaktionen keine Zeit.

Im Spiel herrscht das Gesetz der Stärke und Intuition. Da prallen unterschiedliche Spielstärken aufeinander und jede Schwäche wird sofort zum Vorteil der eigenen Mannschaft genutzt. Das Schwache unterliegt urgesetzlich. Deshalb müssen aufgedeckte Schwächen sofort durch hartes Training bekämpft werden. Aber die Überwindung von Mängeln braucht Zeit. Ich schaffte es manchmal in 3 Wochen.

Das sichere Fangen von Regenbällen dauerte bei mir allerdings länger. Denn auch ich mußte erst dahinter kommen, daß glatte Handschuhe bei Regenwetter untauglich sind, weil der Ball beim Fangen wieder abrutscht oder hinausspringt. Die Fangtechnik mußte ebenfalls korrigiert werden, um den nassen Ball sicher in den Griff bekommen zu können.

Ich fand heraus, daß bei Regen die Hände weniger fest zupacken dürfen, daß sie nur eine Art Aufprallstation darstellen sollen. Und ich klebte mir mit Schaumgummistreifen meine ersten tauglichen Regenhandschuhe zusammen.

Heute kann jeder Tormann solche „Maier-Handschuhe" im Sportladen kaufen. Aber ich mußte diese technische Schwäche erst überwinden lernen.

Der Erfolg steckt in der Psyche

Es ist ein Vorrecht der Jugend, den Gefühlen freien Lauf zu lassen, aber eine Tugend, sie zu beherrschen. Ein Mensch, der sich zu beherrschen weiß, ist immer Herr der Lage.

Beherrschung im Spiel kann schon in jungen Jahren erlernt und trainiert werden, wie unser Trainer Cramer bewies. Um uns auch in dieser Hinsicht zu schulen, hatte er die Angewohnheit, im Trainingsprogramm immer wieder psychische Härtetests einzustreuen. Er hat uns oft durch grundloses Pfeifen bewußt provoziert und Elfmeter gegeben oder einen Freistoß schießen lassen. Trotz dieser Methode lassen sich immer wieder junge Spieler verführen, gegen eine Schiedsrichterentscheidund zu protestieren. Sie lassen sich in der Hitze des Gefechts oft zu Handlungen hinreißen, die zum eigenen oder zum Schaden der Mannschaft ausarten können. Denn nicht selten kommt es vor, daß dann ein für die Mannschaft wichtiger Spieler ausgeschlossen wird. Deshalb ist Beherrschung so wichtig. Ich habe früher auch des öfteren gegen Schiedsrichter-Entscheidungen protestiert. Aber das nützt nichts.

Man macht sich nur unnötig nervös, und kommt manchmal so in Wut, daß man seine Konzentrationsfähigkeit verliert und dadurch beim nächsten Schuß übernervös reagiert. Die Folgen solcher Unbeherrschtheiten zeichnen sich dann meist am Spielstand ab. Die innere Ruhe ist sehr ausschlaggebend für den Ausgang eines Spiels. Das hat sich schon oft bewiesen. Zum Beispiel, als wir einmal nach Spanien geflogen sind und nicht sofort landen konnten. Das Spiel gegen Real Madrid war um 20 Uhr angesetzt und wir konnten erst um 13 Uhr in Zaragoza landen. Von da aus ging es mit dem Bus weiter. Acht Stunden lang. Erst gegen 19.45 kamen wir in unserem Hotel an. Alle Spieler waren von der Hitze und dem langen Sitzen ziemlich geschafft, aber innerlich ruhig und gelassen. Was konnte denn jetzt noch schief gehen? Das Spiel mußte uns ja wie eine Erlösung vorkommen. Und so war es auch.

In den acht Stunden hat sich bei uns eine so ungeheure Kampflust aufgestaut, daß wir Real Madrid 5:1 schlugen. Jeder von uns war zwar steif von der Busfahrt, aber keiner nervös. Dadurch gingen wir sehr gelassen ins Spiel. Es gibt aber auch Fälle, in denen private Mätzchen ganz schön psychisch belasten können. Zum Beispiel machte ich früher einmal den Fehler, mich vor einem Europacup-Spiel für einen Freund um Eintrittskarten zu bemühen. Das habe ich besonders beim Spiel gegen Ajax/Amsterdam zu spüren gekriegt. Ich schickte nämlich 14 Tage vor dem Spiel 300 Eintrittskarten per Einschreiben zu ihm nach Hause. Die Karten waren für ein befreundetes Busunternehmen bestimmt. Für Mittwoch war das Spiel angesetzt und Montag erfuhr ich telefonisch, daß die

Karten noch immer nicht eingetroffen waren. Sowas kostet natürlich Nerven. Denn die Stunden bis kurz vor dem Spiel verbrachte ich damit, mit holländischen und deutschen Postämtern und mit Zuhause zu telefonieren. Doch ohne jeden Erfolg. So fuhren die Busse ohne Karten los. Die Folge war, daß sich die 300 Schlachtenbummler das Spiel im Hotel vor dem Fernseher ansehen mußten.

Sowas belastet einen psychisch schwer. Dieses Spiel ging auch 4:0 verloren. Fazit: Nie mit solchen Problemen in ein Spiel gehen. Das verhindert den Erfolg.

Die Panik vor dem nächsten Tor

Je ehrgeiziger ein junger Tormann ist, desto stärker wird er gegen Tore ankämpfen, desto empfindlicher wird er auf Tore reagieren und desto eher kann es zur Panik vor dem nächsten Tor kommen. Natürlich ist es ein Unterschied, ob die eigene Mannschaft schwach ist und der Gegner laufend stürmt, so daß einem die Bälle wie Fliegen um die Ohren sausen oder ob man durch eigene Konzentrations- oder Reaktionsfehler die Mannschaft um ihren verdienten Sieg bringt. Im letztgenannten Fall kann ein junger Tormann dann in Panikstimmung geraten. Natürlich ist mir unbewußt so etwas auch schon passiert. Wahrscheinlich an dem Tag, als man mir den wenig ruhmreichen Titel: ,,Der-Sieben-Tore-Maier" gab.

Wenn ein Tor nach dem anderen fällt, können einem leicht finstere Gedanken kommen, man zittert innerlich vor Erregung, die Spannung nimmt von Tor zu Tor zu und schließlich kommt es leicht zu Fehlreaktionen. Sicher ist alles eine Frage der Nerven. Aber es gibt eben bei jedem Menschen Tage, an denen er sensibler reagiert. Torhüter sind da keine Ausnahme. Deshalb sollte man sich darüber nicht mehr Gedanken machen, als die Sache wert ist. Und gegenüber Vorwürfen muß man gelassen bleiben. Auch die eigene Mannschaft kann einen schlechten Tag haben. Dann muß der Tormann ausgleichend wirken und es zeigt sich, was er wirklich kann. Die Presse wird mit Sicherheit die Mannschaft am nächsten Tag zerreißen, aber den Torwart hoch in den Himmel heben. Es gibt zahlreiche Fälle, wo Panik erst die Entscheidung bringt. Zum Beispiel als wir bei einem Pokalspiel gegen den HSV spielten. Da haben wir beim 2:1 Stand auch gesagt: jetzt aber bloß aufpassen, jetzt nur kein Tor mehr . . . und prompt fiel in der letzten Spielminute das Tor. In so einer spannungsgeladenen Situation will man sein Bestes geben und den Ausgleich verhindern, aber dabei verkrampft man sich und dann passiert es doch. Es hat schon seinen Grund, warum den Posten im Tor niemand haben will: der Tormann ist immer schuld. Auch ich wollte lieber Tore schießen als welche kriegen. Aber der Lauf der Dinge war gegen mich.

Die geistige Einstellung zum Gegner

Je besser man einen Gegner kennt, desto sicherer kann man ihm begegnen. Deshalb studieren wir die meisten Gegner vor dem Spiel.

Man schaut sich die stärksten Leute der Mannschaft an, lernt ihre Stärken und Schwächen kennen und findet heraus, wo sie am verwundbarsten sind. Dort setzt unser Trainer seine Taktik an, um den Wirkungsbereich des Gegners einzuschränken.

Ob es gelingt, steht auf einem anderen Blatt.

Das liegt ja nicht nur in seinem Ermessen, sondern hängt von der jeweiligen physischen und psychischen Verfassung jedes einzelnen Spielers und der Gegenmannschaft ab. Sicher ist es für den Erfolg auch maßgebend, mit wieviel Kampfgeist und Zuversicht ein Trainer seine Mannschaft in die Arena schickt, wie gut er den Gegner kennt und wie intensiv er seine Mannschaft auf diese Begegnung vorbereitet hat. Bei deutschen Begegnungen ist das kein Problem, denn da kennt man sich ziemlich gut. Man weiß von etlichen Spielern, was von ihnen zu erwarten ist, welche Tricks sie bei Freistößen oder Eckbällen anwenden und in welcher Erfolgsverfassung sich diese Mannschaft befindet. Es ist nämlich ein großer Unterschied, ob man einer Mannschaft gegenüber steht, die heute alles auf eine Karte setzen muß, weil es sich unter Umständen bei diesem Spiel entscheidet, ob sie absteigen müssen oder weiterhin in der Bundesliga bleiben können. Ein solcher Gegner muß mit Vorsicht behandelt werden, er ist zu allem fähig und wird wie ein wundes Tier kämpfen.

Dies müssen Trainer und die Spieler mit einkalkulieren, bevor sie ins Spiel gehen. Er wird sie auf den Gegner einstimulieren, er wird sie anfeuern, ihnen Mut machen und er wird ihnen den Erfolg großartig beschreiben. Es gehört eben neben dem technischen Trainingswissen auch jede Menge eigene Begeisterung und Überzeugungskraft dazu, um eine Mannschaft erfolgreich aufzubauen.
Meist liegt es ja nicht am technischen Können eines Spielers, wenn er versagt, sondern an der geistigen Einstellung. Die Kunst des Trainers ist es, die Spieler mit soviel innerer Zuversicht aufzubauen, daß sie dem Spiel gelassen, aber ehrgeizig entgegensehen. Schwieriger ist das bei Auslandsspielen, weil hier der Spielgegner nicht so genau bekannt ist. Sicher werden am Vortag im Trainingslager Aufzeichnungen über den Gegner angesehen, in Zeitlupenphasen seine Stärken, seine Eckbälle, Flanken und Pässe studiert, doch hier trifft man nicht nur auf andere Spieltechniken, sondern auch auf fremde Temperamente und Mentalitäten. Außerdem muß immer davon ausgegangen werden, daß sich auch der Gegner ein Bild macht und unsere Schwächen unter die Lupe nimmt. Wenn dann diese psychisch und physisch aufgeladenen Kraftbündel 90 Minuten lang aufeinanderprallen, darf man sich nicht wundern, wenn manchmal ein Foul fällt oder ein Spieler verletzt aus der Arena getragen wird. Alles ist eben auch eine Frage des Glücks.

Der Angstgegner

Den Gegner zu leicht nehmen, ist genauso gefährlich, wie ihn zu überschätzen. Aber es gibt genügend Fälle, in denen ein Gegner von der Presse so hochgespielt wird, daß er für eine Mannschaft zum ,,Angstgegner" wurde.

Da sich kein Fußballer den Schlagzeilen der Presse ganz verschließen kann, bleibt ihre Wirkung zumindest unterschwellig nicht aus. Die Ungewißheit nagt an den Nerven.

Ich erinnere mich an die erste Begegnung im Grünwalder Stadion gegen RCD Español Barcelona. Ricardo Zamoras Club war erstmals mit seinem neuen Star di Stefano in unser Stadion eingelaufen. Diesem Wunderstürmer eilten viele Schlagzeilen voraus und seine Schüsse waren schon Legende, bevor er seinen Fuß auf unseren Rasen setzte. Das läßt natürlich nicht kalt, und verursacht jede Menge Gedanken.

Ich ließ die Angriffssituationen im Geist vor mir abrollen und prägte mir seine Schüsse genau ein. Immer wieder sagte ich mir, wir müssen gewinnen, das darf nicht schiefgehen. Ich konzentrierte mich am Spieltag voll auf das Spiel, aber noch mehr auf das Wunderkind. Erfolg: ihm glückte nur ein einziger Treffer. Wir spielten 1:1 und ich hatte wieder einmal den Beweis, daß auch die vergötterten Stars des Auslandes nur mit Wasser kochen. Angstgegner überwindet, wer das Spiel ganz leger angeht und sich sagt, verloren haben wir schon, also können wir nur noch gewinnen. Erst wenn man sich nicht mehr mit dem Phantom ,,Angstgegner" beschäftigt, verliert es seine Wirkung.

Ist ein sogenannter ,,Angstgegner" einmal geschlagen, dann reißt meist auch seine Erfolgsserie ab, dann merken auch die anderen Vereine, daß und wie dieser Gegner verwundbar ist.

Die Kunst des meisterhaften Reagierens

In der Natur entscheidet das Reaktionsvermögen zwischen Leben oder Tod. Auf dem Fußballplatz, ob ein Tor fällt oder nicht. Wer wie ein Mungo auf Angriffe reagieren kann, dem ist der Ruhm als Klassetormann gewiß. Der hält oft Bälle, die ,,unhaltbar'' sind. Der löst beim Publikum Begeisterungsstürme aus. Der beherrscht die Situation im Spiel.

Zum richtigen Augenblick reagieren können, ist eine Kunst, die angeboren ist. Sie wurzelt im urtrieblichen Instinkt des Menschen und hat sich bei Naturburschen bis heute bewahrt. Die Reaktion erfolgt unbewußt nach der Wahrnehmung einer Gefahr. Aber es ist eine Frage des Reaktionsvermögen, wie schnell man handelt, also, wie lange das Gehirn braucht, um die Gefahr zu verarbeiten und den auslösenden Befehl an die Sprunggelenke und Muskeln weiterzugeben. Das wiederum ist eine Frage des persönlichen ,,Wachseins'', also, wie geistie und körperliche Fitness aussieht.

Umwelteinflüsse oder niederschmetternde Zurufe können die Aufmerksamkeit und das Bewußtsein außerordentlich belasten und die Reaktion negativ beeinflussen. Bevor der Gegner zum Schuß ansetzt, sollte der Tormann schon in Bewegung sein. Wer sich erst in Bewegung setzt, wenn der Schuß fällt, kann meist nicht mehr schnell genug reagieren.

Beim Elfmeter ist natürlich das Herauslaufen untersagt. Man muß auf der Torlinie stehen bleiben und abwarten. Da hilft beim Schuß nur eine eiskalte, katzengewandte Reaktion.

Um die Reaktion der Torhüter zu stärken, haben wir ihm Rahmen unseres Torwarttrainings Reaktionsübungen eingebaut. Zum Beispiel postieren wir vor meinem Tor auf jeder Seite 5 Schützen und einer flankt von der Toroutlinie zu den Spielern hinein. Ich darf in diesem Trainingsfall nicht rausgehen, sondern muß auf der Torlinie das Leder erwarten, das aus 8 Meter Entfernung volley eingeschossen wird. Sicher weiß man als Tormann, wo der Ball hinkommt, aber man kann aus dieser kurzen Distanz nicht mehr erkennen, ob der Ball flach oder hoch kommen wird. Da hilft oft nur noch eine Reflexbewegung, auf die wir im nächsten Kapitel noch zu sprechen kommen. Oder wir plazieren vor dem Tor Fahnenstangen, und die Feldspieler schießen aus kurzer Entfernung scharf auf das Tor. Hier wird meistens der Ball von einer Stange abgefälscht und wieder kann nur eine Reflexbewegung den Ball aus der Gefahrenzone hinausdirigieren. Von 100 solcher Schüsse kann man dann im Spiel doch etwa 30 durch Reflexbewegungen halten. Das Training lohnt sich also.

Der natürliche und der trainierte Reflex

Reflexe brauchen mit Ausnahme der „bedingten" Reflexe nicht erlernt werden. Sie sind angeboren und im wesentlichen nicht trainierbar. Solche Reflexe laufen unbewußt, also „reflektorisch" ab. Das beste Beispiel für einen natürlichen Reflex ist die Schmerzreaktion. Der ganze Reaktionsablauf dauert nur den Bruchteil einer Sekunde und verläuft ganz automatisch.

Neben unseren unbewußten Reflexen gibt es noch eine ganze Reihe von anderen, die im Dienste der Motorik stehen. Reflexe können aber auch anderweitig gebahnt, gehemmt und beeinflußt werden. Der russische Physiologe I. P. Pawlow hat dies mit der Entdeckung des „bedingten" Reflexes erstmals bewiesen. Er hat am Beispiel mit Hunden herausgefunden, daß bestimmte Reflexe auch erlernbar sind. Und zwar hat er den Freßvorgang der Hunde jeweils mit einem Lichtsignal eingeleitet.

Das heißt, der Hund kann während der Lernphase sein Futter nur in Verbindung mit dem Lichtblitz bekommen. Die Folge war, daß beim Hund die selben Freßreaktionen in Form von Erregungen (Speichelabsonderung) feststellbar waren, wenn man ihm mal nur den Lichtblitz ohne Futter vorsetzte.

Auf den Torwart übertragen könnten solche ,,bedingten'' Reflexe eingeleitet werden, wenn er sich darin übt, z. B. das Standbein des Schützen zu beobachten. Dann kann es auch bei ihm zu einer sogenannten Bewegungsautomatik kommen, die eine bestimmte Reaktion im Körper auslöst und den Torschuß verhindert. Wenn es auch keine Garantie gibt, daß der Ball in jedem Fall vorher abgefangen wird. Trifft z. B. der Schütze den Ball nicht richtig und schneidet er ihn also ungewollt an, dann ist auch die Reaktion bzw. der ,,bedingte'' Reflex für die Katz'. Aber einen Versuch ist diese Sache schon wert.

Das Gewicht wiegt mit im Spiel

Manche halten uns in lukullischer Hinsicht für Asketen. Andere meinen, wir Fußballer müßten nur nach wissenschaftlichen Ernährungsvorschriften leben. Beides ist falsch. Richtig aber ist, daß kein erfolgsorientierter Profi es sich leisten kann, übergewichtig ins Spiel zu gehen. Denn jedes Kilo mehr auf der Waage kann bei 90 Spielminuten schwer ins Gewicht fallen. Es kann den Feldspieler mehr an Schweiß, mehr Kraft, mehr Bewegungsenergie kosten und den Kreislauf gefährlich belasten. Außerdem kann es seine Sprintfreude, Schnelligkeit und Ausdauer mindern. Kurzum: Übergewicht auf der Waage – weniger Erfolg im Spiel! Was dem Feldspieler schadet, kann auch für den Tormann nicht gut sein. Denn jedes Kilo zuviel erhöht die Aufprallheftigkeit, belastet zusätzlich seine Gelenke, sein Rückgrat, die Muskeln und fördert die Verletzungsgefahr. Was ist also das Idealgewicht eines Fußballers? Ganz einfach: wir halten uns an die Normalgewichtstabelle, bei der Alter und Größe der Maßstab sind. Vom ermittelten Gewichtswert ziehen wir 10% ab. Das ist unser Idealgewicht. Um es zu halten, müssen wir weder hungern noch nach Kalorientabellen leben. Denn im täglichen Training arbeiten wir so hart, daß wir kaum Übergewichtsprobleme haben. Das Gegenteil ist eher möglich. Deshalb sollte jeder Athlet darauf achten, daß er seinem Körper die im Training oder Spiel verlorenen Pfunde schnell wieder zuführt. Zweimal 45 Spielminuten kosten viel Schweiß und Kraft. Eine eiweißreiche, vitamingeballte und mineralhaltige Kost kann ich nur jedem Spieler empfehlen. Das verlorene Quantum Flüssigkeit tankt man mit Fruchtsäften schnell wieder auf und ein saftiges Steak wirkt nach einem kräftezehrenden Spiel Wunder.

Vorher:

Es ist übrigens nachgewiesen, daß ein Fußballer während eines Spiels je nach Witterung rund 3 bis 4 Kilo Gewicht verliert. Das habe ich auch an mir festgestellt, obwohl ich als Tormann bewegungsmäßig kaum so strapaziert werde wie ein Feldspieler. Dafür arbeitet sich ein Tormann psychisch viel mehr auf. Das geistige Mitspiel und die 90 Minuten Konzentration und Anspannung kosten ebensoviel Energie wie körperliche Höchstleistung.

Nachher:

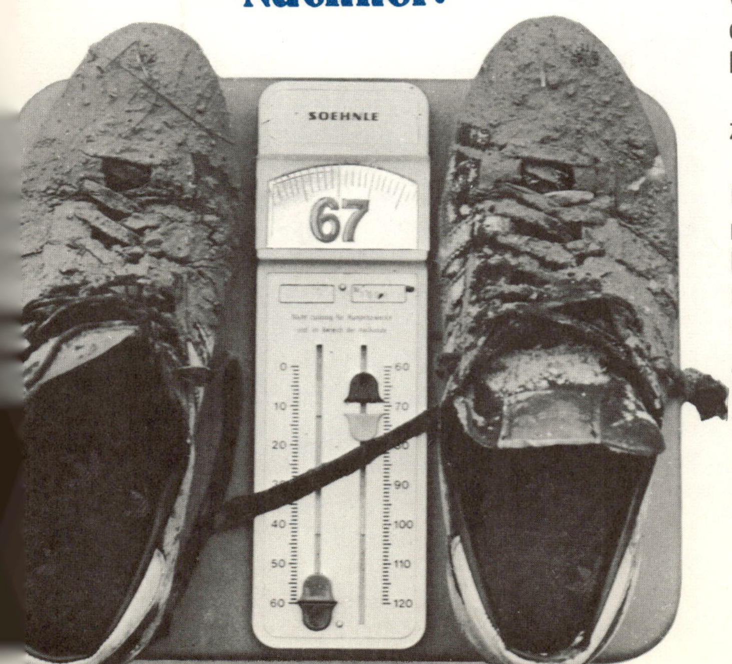

Das hat auch mich anfangs erstaunt, aber es ist so. Vor einem Spiel kann ich nur jeden davor warnen, besonders fetthaltige Speisen zu konsumieren. Ein Schweinebraten oder Pommes frites zum Beispiel brauchen viel Zeit für die Verdauung. Wer aber mit einem vollen Bauch ins Spiel geht, leistet weniger. Denn die Verdauungsorgane entziehen ihm einen Teil der Energie. Daher diese Faustregel: Vier Stunden vor einem Spiel nichts mehr essen. Wenn wir vor einem wichtigen Spiel stehen, wird das Menü im Trainingslager vorher durchgesprochen. Grundsätzlich bekommt jeder Spieler, was er gerne mag. Aber es kommt auch vor, daß der Vereinsarzt einem Spieler seinen Lieblingsbraten ausredet. Aber das ist eine Ausnahme.

Ich persönlich liebe saftige Steaks, greife lieber zu kernigen ,,Schmankerln'', vermeide Süßigkeiten.

Bei Gaumenfreuden muß kein Fußballer maßhalten, aber beim Alkoholgenuß. Hier ist Mäßigung nur zu raten. Häufiger Alkoholgenuß kann den Kampfgeist mindern, die Konzentrationsfähigkeit und Kondition schwächen und den Erfolg langfristig in Frage stellen. Trotzdem braucht ein Sportler kein Abstinenzler zu sein. Ein, zwei Glas Bier pro Tag haben mir nie geschadet. Aber man kann auch ohne Vollrausch seinen Spaß haben. Mir sagt man sogar im nüchternen Zustand ,,Valentinische'' Späßchen zu . . .

Wenn der Wind bläst, kann beim Tormann der Blitz einschlagen

In 90 Spielminuten kämpft ein Tormann gegen viele gefährliche Gegner. Aber kaum einer ist so hinterhältig wie der Wind. Ein Windstoß kann die Flugbahn blitzartig verändern und selbst erfahrene Torhüter aus der Fassung bringen. Denn eine Windböe ist spontan und schlägt dann unbarmherzig zu. Das Fangen wird zum Glückspiel und so mancher Tormann zum Komödianten. Tore fallen durch Zufall und so manche Hoffnungen verwehen im Wind. Bei böigem Wind kalkuliere ich auch das Unmöglichste ein. Folgendes kann nämlich geschehen: der Schuß fällt, ich springe nach dem Ball, aber greife ins Leere, denn eine Windböe hat für Bruchteilssekunden den Ball gestoppt und ihn an mir vorbei ins Tor gelenkt. Bei starkem Wind muß man auch die wechselhaften Windströmungen beobachten. Denn es kann torentscheidend sein, ob der Gegner mit oder gegen den Wind spielt. Bei starkem Gegenwind fällt der Schuß meist viel höher aus. Bei Rückenwind kann die Ballgeschwindigkeit so rasant zunehmen, daß der Ball wie ein Blitz einschlägt. Man darf sich deshalb nicht wundern, wenn an solchen Tagen mehr Tore fallen, als einem lieb ist. Und ärgern sollte man sich schon gar nicht. Für Zuschauer kann so ein ,,windiger" Tag nämlich ganz amüsant sein, weil er mehr Tempo ins Spiel bringt. Da macht dann nicht mehr die Mannschaft das Spiel, sondern der Wind. Gefährliche, aber sichtbare Gegner sind für den Tormann auch steinharte, gefrorene und schneebedeckte Plätze. Hier ist besondere Vorsicht geboten, denn sie bringen erhebliche Verletzungsgefahren mit sich. Regen dagegen ist weniger tragisch. Ja ich kann sogar von mir sagen, daß ich bei einem ,,Sauwetter" erst so richtig in meinem Element bin. Bei einem UEFA-Turnier in Portugal ist mir einmal bei starkem Regen folgendes passiert: wir spielten gegen die Polen und verloren 1:2. Trotzdem blieb dieses Treffen nicht als schwarzer Tag in meinen Erinnerungen haften.

Warum? Es hatte den ganzen Tag über in Strömen geregnet. Hinter meinem Kasten lief die Bahn für Hindernisläufer vorbei. Mit einem tiefen, betonierten Wassergraben. Der war allerdings an diesem Tag randvoll, genauer gesagt, er bildete mit der übrigen Umgebung einen einzigen See. Daß dort ein Wassergraben war, erfuhr ich erst, als ich einen Ball holen wollte. Plumps, da ging ich im Graben auf ,,Tauchstation". Von mir war für Augenblicke nichts zu sehen. Prustend und spuckend tauchte ich nach diesem unfreiwilligen Bad auf. Obwohl ich klatschnaß war, mußte ich selber herzlich lachen, die Kameraden, die Polen, die Zuschauer – und auch Helmut Schön, der an sich wenig Grund zum Lachen gehabt hätte.

Bei aufgeweichtem Boden nehme ich besonders lange Stollen, damit ich bei jeder geforderten Reaktion schneller vom Fleck komme. Beim Fangen von regennassen Bällen kann es wie bei Autoreifen zu einem ,,Aquaplaning" kommen, dabei kann der Ball wieder aus den Händen rutschen. Das passierte mir früher oft. Doch seit ich meine Spezialhandschuhe habe, ist die Haftfähigkeit stets optimal.

Der Aberglaube

Ein weniger gefährlicher Feind ist die Sonne. Früher hatte man sich als Tormann gegen Blendung mit einer Schirmmütze geschützt. Ich hatte auch so eine. Doch die ist heute aus der Mode. Oder besser gesagt, die neue Tormann-Generation hat sehr rasch festgestellt, daß ihr Blendschutz minimal, die Blendgefahr aber umso größer ist. Bei hohen Bällen kommt es nämlich dann in der Regel zu einem Blackout. Denn das vorher geschützte Auge wird plötzlich von der Sonne wie mit einem Blitzlicht angestrahlt. Die Folge ist meistens ein Tor. Es ist daher wesentlich sicherer, sich langsam an die Sonnenstrahlung zu gewöhnen und sich mit diesem wärmenden Planeten anzufreunden.

Eine Lösung wären da vielleicht braungefärbte Contactlinsen. Aber welcher Torwartprofi kann es sich schon leisten, während eines stürmischen Angriffs nach seinen verlorenen Contactlinsen zu suchen?

Jede Nacht, wenn Sonnengott Ra im alten Ägypten von seinem Heim im glühenden Westen herabstieg, mußte er einen erbitterten Kampf gegen eine Schar von Dämonen bestehen, die ihn unter der Führung des Erzfeindes Apepi überfielen. Er kämpfte mit ihnen die ganze Nacht.

Um ihrem Gott beizustehen, haben die alten Priester ein Bild des Feindes Apepi gemalt, entweder in der Gestalt eines häßlichen Krokodils oder einer scheußlichen Schlange, dann den Namen auf das Bild gepinselt, es mit einem zeremoniellen Tamtam angespuckt, mit dem Messer bearbeitet, zu Boden geworfen und schließlich angezündet und verbrannt. Auf diese Weise wollten die Ägypter ihrem Sonnengott zu Hilfe kommen und den Feind schwächen.

Nun – so schlimm geht es in Sachen Aberglauben bei uns Spielern nicht zu. Aber es gibt eine ganze Reihe Spieler, die sich ebenso vor oder zwischen einem Spiel gewissen Ritualien unterwerfen, indem sie sich zum Beispiel wie Gerd Müller immer zuerst den rechten Schuh zubinden, unrasiert ins Spiel gehen oder nie während eines Spiels das verschwitzte Trikot wechseln. Auch ich war für eine kurze Zeit lang von Aberglauben befallen, habe ungern die Handschuhe oder meinen Pullover gewechselt. Aber das war alles Unsinn. Denn sehr bald fand ich heraus, daß man sich das alles nur einbildet. Gute Spiele sind immer eine Frage der persönlichen Leistung. Davon bin ich jedenfalls heute überzeugt.

FRUCAD

Für jede Leistung gibt es einen Preis

Es gibt genügend junge Leute, die vor jeder Entbehrung zurückschrecken. Sie gehen lieber den Weg des geringsten Widerstandes und wundern sich nachher, wenn andere weiter gekommen sind als sie. Ich kann aus meiner Erfahrung nur sagen, daß sich jeder ,,Mehreinsatz" später für sie lohnt. Man kommt nur über den Durchschnitt hinaus, falls man bereit ist, das Höchste aus sich herauszuholen. Wenn man sich mit Ausdauer und Leidenschaft auf eine Aufgabe stürzt und auch mal einen Tiefschlag hinunterschluckt. Ziehe ich heute Bilanz, kann ich mit voller Überzeugung sagen, daß ich für all die Entbehrungen der Anfangsjahre viel tausendfach entschädigt wurde. Von Verletzungen abgesehen, fühle ich mich heute mit 33 Jahren körperlich vollkommen fit. Die enge Verbundenheit mit der Natur und diesem herrlichen Sport hat mich abgehärtet und widerstandsfähig gemacht, die durch den Mannschaftsgeist verursachte Disziplin hat sich beruflich und privat ausgezahlt. Gewonnen habe ich viel. Aber davon erzähle ich später.

Torwarttraining mit Sepp Maier

Aufgaben des Torwarts

Der Tormann ist für den Gegner das Angriffsziel Nr. 1 und für die eigene Mannschaft oft der rettende Engel. Von seiner Wendigkeit, von seinem Reaktions- und Konzentrationsvermögen und von der Qualität seiner Sprungkraft kann es abhängen, ob ein Tor fällt oder nicht. Deshalb muß sein Können in dieser Hinsicht besonders geschult werden. Was man hierzu durch Training verbessern kann, zeige ich in diesem Teil des Buches auf. Das Training verlangt keine Voraussetzungen, die nicht auch der Torwart eines kleinen Vereins schaffen kann. Aber es setzt viel Ausdauer voraus und den starken Willen, seine eigenen Leistungen zu verbessern. Einiges davon kann man auch zu Hause im eigenen Garten oder auf benachbarten Wiesen üben, anderes nur auf einem Sportplatz. Wer wirklich Ehrgeiz besitzt, wird immer und überall eine Möglichkeit sehen, sich in diesen Lektionen zu vervollkommnen. Ich selbst unterziehe mich regelmäßig diesem Spezialtraining und führe meine Leistungen mit darauf zurück.

Bevor wir nun mit dem Torwarttraining beginnen, möchte ich zuerst das Spielfeld erklären. Es kann eine Breite von maximal 90 und minimal

45 Metern haben, die Länge soll sich zwischen 90 und 120 Metern bewegen. Die Idealmaße für ein Spielfeld sind 75×105 Meter. Was den Torhüter hier besonders interessiert, ist der 16-Meter-Raum, denn hier ist er am häufigsten aktiv. An der Mitte der Grundlinie dieses Rechtecks befindet sich das Tor, das exakt 7,32 Meter lang und 2,44 Meter hoch ist. (Meist ist es für einen Tormann viel zu groß!) Innerhalb des 16-Meter-Rechtecks darf der Tormann mit der Hand oder mit dem Fuß spielen und wird wie ein normaler Feldspieler bewertet. Wenn innerhalb dieser Grenzen ein Feldspieler gefoult wird, kann der Schiedsrichter einen Elfmeter geben. Darum wird der 16-Meter-Raum auch Strafraum genannt. Auch für den 5-Meter-Raum gibt es für den Tormann Vorteile, z. B. darf er hier nicht in der Luft angegriffen werden. Andererseits muß der Tormann innerhalb dieses Rechtecks den Ball abstoßen, wenn er die Toroutlinie überschritten hat. Auch das Tippen des Balles ist nur im Strafraum möglich, aber darauf komme ich noch zurück.

Die Ausrüstung

Als Torwart überschlägt man sich manchmal in seinen artistischen Aktionen, fliegt oft wie ein Geschoß durch den Torraum und wirft sich nicht selten direkt vor die Füße des Gegners. Das erfordert nicht nur Mut, sondern auch eine optimale Ausrüstung. Zunächst einmal braucht ein Tormann Hosen. Mich lacht man gewöhnlich wegen derselben aus, denn ich trage sie nur in Überlängen. Das hat aber seinen guten Grund; denn dadurch schütze ich meine Oberschenkel gegen Schürfwunden. Deshalb bleibe ich dabei und lasse den Spöttern ihren Spaß. Hauptsache, Sie wissen jetzt, daß ich solche Hosen nicht zum Scherz trage. Den Oberkörper schützt der Tormann durch einen Pullover, der oft eingearbeitete Ellbogenschützer hat. Ich selbst trage ihn ohne. Früher haben Torhüter schwarze Pullover bevorzugt, die Schiedsrichter leider auch. Deshalb müssen sich heute nach neuesten FIFA-Bestimmungen die Torhüter von Feldspielern farblich klar unterscheiden. Ich selbst bevorzuge jetzt hellblau. Eingearbeitete Armschützer schränken die Bewegungsfreiheit ein, deshalb lasse ich sie weg. Nur bei knochenhartem Boden kann ich sie jedem empfehlen. Zu Knieschützern kann ich nur allen raten, die in einem unterklassigen Verein spielen. Denn auf „Aschenplätzen" sollte man möglichst alle Körperstellen schützen. Kommen wir zu den Handschuhen. Gute Handschuhe gehören mit zu den wichtigsten Utensilien eines Tormanns. Aber ich betone ausdrücklich „gute" Handschuhe. Denn davon kann das nächste Tor abhängen. Ich selbst habe über 5 Jahre daran herumgedoktert, bis ich die idealen Handschuhe für jedes Wetter fand. Jetzt verwende ich bei trockenem Wetter solche, die auf den Innenseiten eine gerippte Auflage haben und dadurch sehr ballhaftig sind. Bei Regenwetter habe ich früher schon auf die normalen Handschuhe Schaumstoffstreifen geklebt, um den Ball sicherer zu fangen. Das hielt aber nur ein Spiel. Nach dieser Erfahrung ließ ich Maier-gerechte Regenhandschuhe produzieren, und die halten dann so 15 einsatzstarke Regenspiele aus. Neben guten Handschuhen braucht ein Torwart vor allem gute Stollenschuhe.

Ich selbst verwende immer die längsten Stollen, die es gibt. Bevor ein Spiel angeht, sollte sich jeder Tormann vorher die Platzverhältnisse ansehen und darauf seine Stollen abstimmen. Das mache ich besonders bei Auslandsspielen, denn da weiß man vorher nie, woran man ist. In Ägypten z. B. war der Boden so ausgetrocknet, daß man die Grashalme hätte zählen können. In so einem Fall benutze ich gerne kleine Lederstollen. Aber zum Glück ist so ein Fall selten. Bei Eis trug man früher Gummistollen, aber inzwischen gibt es etwas Besseres. Heute zieht man turnschuhähnliche Schuhe an, die in der Fachwelt unter dem Namen „Sambaschuhe" kursieren. Dieses Schuhwerk hat an den Sohlen nur ein kleines Profil und verbessert den Stand enorm und damit die Reaktionsbeweglichkeit. Trotzdem bleibt bei gefrorenem Boden die Verletzungsgefahr bestehen. Deshalb kann ich nur jedem wünschen, daß das Spiel wegen Eis ausfällt. Wenn Sie diese Ausrüstungstips beherzigen, können Sie das Torwarttraining zuversichtlich beginnen. Packen wir's an!

Die Grundhaltung

Wenn sich der Gegner über das Mittelfeld auf Ihr Tor zubewegt, sollten Sie automatisch eine Stellung einnehmen, aus der es Ihnen jederzeit möglich ist, gegnerische Torschüsse wirksam abzuwehren. Siehe nebenstehende Abbildung! Diese wachsame Stellung nennt man in der Torwartsprache „Grundhaltung“. Sie ist vergleichbar mit der konzentrierten Gespanntheit einer Katze, bevor sie sich auf ihre Beute stürzt. Aus dieser Stellung heraus kann man unverzüglich reagieren. Wenn wir angreifen, gehe ich mit vor. Da stehe ich immer so 20 Meter vor dem Tor. Von da aus läßt sich der Verlauf des Spiels besser überblicken und ich kann nicht von einer plötzlichen Steilvorlage des Gegners überrascht werden. Denn von dieser Position aus bin ich eher am Ball als der Stürmer. Von der Torlinie aus wäre das unmöglich. Deshalb bei eigenem Angriff nie auf der Torlinie stehen bleiben! Kommt der Gegner dann näher, geht man immer ein paar Schritte zurück, aber man behält die Grundhaltung bei. Doch nie soll man ganz auf die Torlinie zurückgehen. Der Grund: Bei einer Schußentfernung von beispielsweise 16 Metern ist der Winkel zu den entferntesten Torecken viel größer, als wenn ich 3–4 Meter vor dem Tor stehen würde. Sicher könnte man von der Torlinie aus abgefälschte Bälle eher halten, aber diese Situationen sind weit seltener, als Torschüsse aus größeren Entfernungen. Sobald die Gefahr vorbei ist und sich das Spiel wieder in die andere Spielhälfte bewegt, mache ich Lockerungsübungen zur Entspannung, aber verliere nie das Spiel aus den Augen. Als Tormann muß man 90 Minuten lang auf der Hut sein. Da kommt es eben auf das geistige Mitspielen an!

Bei der Grundhaltung nimmt der Tormann eine leichte Seitgrätschstellung ein. Die Knie sind etwas angewinkelt, die Arme seitlich gespreizt, die gesamte Körperhaltung gebückt. In dieser Lauerstellung beobachtet er den Ball.

Die Ballaufnahme

Bei der Ballaufnahme von flachen Bällen vertrete ich eine andere Meinung, als sie in verschiedenen Lehrbüchern steht. Aber ich will nur aus meinen persönlichen Erfahrungen sprechen. In diesen Lehrbüchern steht zum Beispiel, daß man bei flachen Bällen, die seitlich kommen, das Ausfallbein stark winkeln soll, während sich das andere Bein mit dem Knie dem Ausfallbein nähert. In dieser Position besteht aus meiner Sicht immer die Gefahr, daß ein Tor fällt. Denn wenn sich ein Ball um einen halben Meter verspringt, ist man in dieser Stellung nicht mehr genügend aktionsfähig. Meine These ist die: ich grätsche mich sehr weit und vergrößere dadurch meinen Aktionsradius. Siehe Abbildung! Natürlich ist meine Art der seitlichen Ballaufnahme nur wirksam, wenn man mit seinen Händen weit nach unten kommt. Sowas kostet sehr viel Training, denn die Rückenpartien müssen dabei sehr elastisch sein. Man sollte in der Grätschstellung mit den Ellbogen schon bis zum Boden runterkommen. Aber wenn man das gut trainiert, ist man in dieser Stellung viel einsatzfähiger und kann auch bei ,,verhüpften" Bällen rasch und wirkungsvoll reagieren. Bei der Aufnahme von halbhohen Bällen sollten Sie immer darauf achten, daß Sie den Ball noch vor dem Aufprall am Körper abfangen. Damit verhindern Sie, daß ein scharf geschossener Ball auf Ihrer Brust abprallt und wieder ins Spiel zurückfällt. Diese Abfangtechnik verringert auch die Wucht des Aufpralls, man kann den Ball abtropfen lassen und ihn sofort wieder aufnehmen. Beim Fangen von hohen Bällen ist es wichtig, daß Sie die Handteller wie eine Schaufel konträr zur Flugbahn des Balles halten. Dabei sollten Ihre Finger sehr weit gespreizt sein und der Zeigefinger und der Daumen hinter dem Ball zum Aufliegen kommen. Also keine seitliche Handstellung, sonst kann ein regennasser Ball leicht durchrutschen. Wenn Sie den Ball aus dem Sprung fangen, sollten Sie ihn sofort an die Brust ziehen. Damit verhindern Sie, daß Sie ihn bei einem eventuellen Zusammenprall mit dem anstürmenden Gegner, etwa durch einen Ellbogenstoß, sehr leicht wieder verlieren können.

Bei der Ballaufnahme von flachen Bällen sollen die Beine weit gespreizt werden. Die Hände bilden eine Schaufel. Wichtig dabei ist, daß man mit den Händen ganz weit herunter geht. Man sollte mit den Ellbogen fast den Boden berühren. Nachdem der Ball gefaßt ist, zieht man den Ball an die Brust und geht in die senkrechte Stellung.

Bei der seitlichen Ballaufnahme wendet sich der Tormann mit einem Grätschschritt dem Ball zu. Das linke Knie berührt fast den Boden, das rechte Knie wird 90 Grad abgewinkelt. Die Hände bilden eine Schaufel. Der weitere Ablauf wie oben.

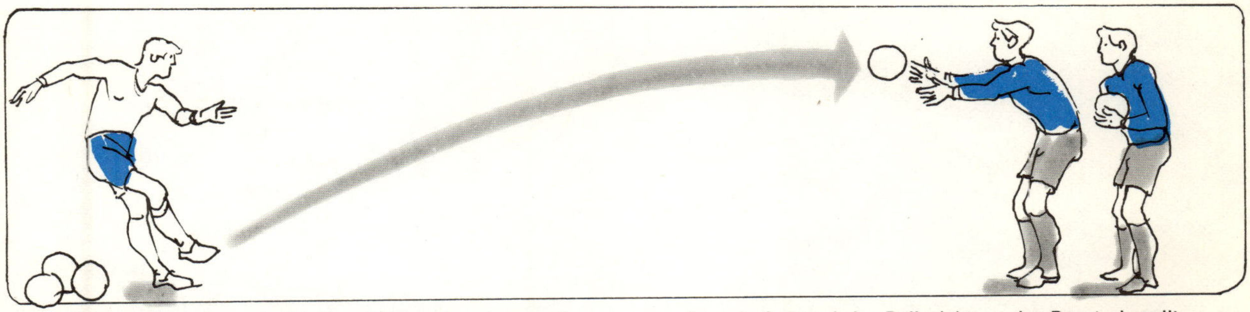

Bei der Ballaufnahme von halbhohen Bällen nimmt man die Grundhaltung ein. Es muß versucht werden, den Ball möglichst vor dem Körper abzufangen, damit sich die Aufprallwucht reduziert und der Ball nicht an der Brust abprallt. Nach der Ballberührung den Ball sofort an die Brust ziehen!

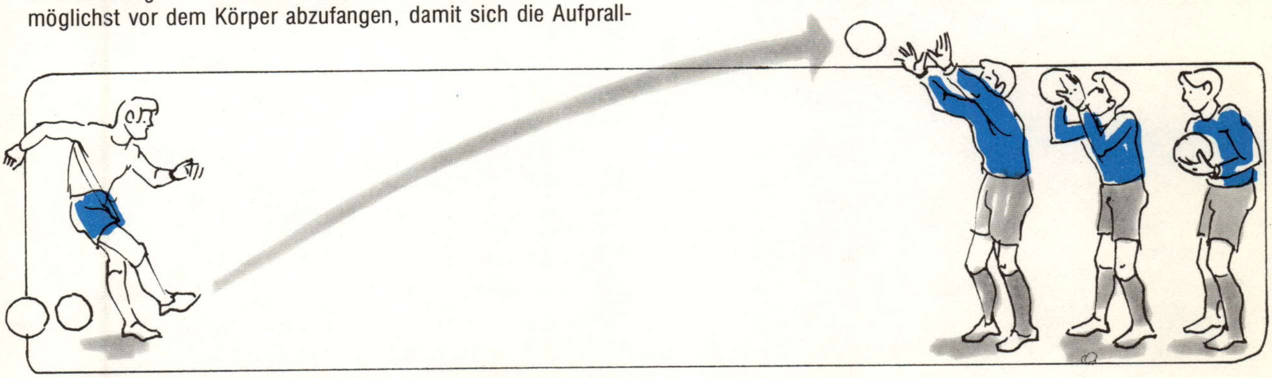

Bei der Ballaufnahme von hohen Bällen ist es wichtig, daß die Daumen und Zeigefinger nach innen gespreizt sind.

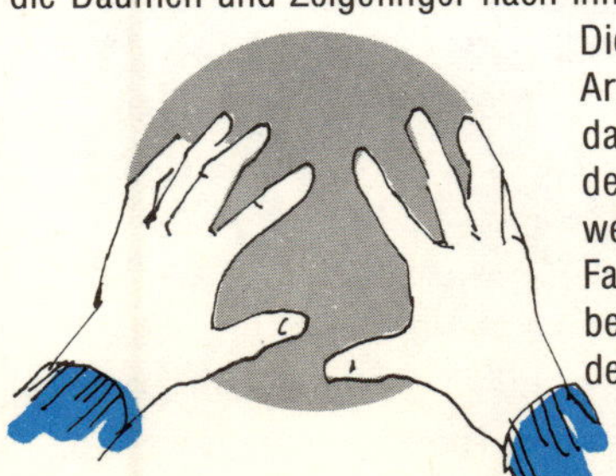

Diese vier Finger bilden eine Art Sicherheitsstation, um das Durchrutschen zu verhindern. Auch die übrigen Finger weit spreizen, damit die Fangfläche größer wird. Am besten ist es, wenn man den Ball im Sprung aufnimmt.

Fausten

Wenn sich der Gegner auf das Tor einschießt, kann manchmal ein Fangen unmöglich sein und nur das Fausten retten. Diese Abwehrmethode ist in gewissen Lagen oft sicherer, z. B. bei kräftigen Schüssen aus nächster Nähe, bei Regen und schlammigem Boden usw. Leider hat das Fausten den Nachteil, daß der Ball oft zurück ins Spiel fällt und erneut das Tor bedroht. Deshalb fauste ich nur, wenn es gilt, den Ball aus der Gefahrenzone zu befördern. Es gibt zwei Arten: das einarmige und das beidarmige Fausten; ich halte das einarmige für sinnvoller. Denn wenn ich mit zwei Fäusten an den Ball herankomme, dann könnte ich den Ball genausogut fangen. Fangen ist am sichersten. Die einarmige Faustabwehr wende ich an, wenn eine Spielertraube zusammen ist und ich den Ball mit Sicherheit nicht mehr fangen kann. Dann schlage ich kräftig zu, achte aber darauf, daß der Ball möglichst seitlich, rechts oder links vom Tor wegfliegt. Es ist beim Fausten wichtig, daß man den Arm abgewinkelt läßt und ihn erst im letzten Moment richtig herausstößt. Also nicht den Ball schon mit gestrecktem Arm angehen, da steckt keine Kraft dahinter und der Ball würde nur noch abtropfen. Man muß hier richtig ausholen und mit der Schulter rausgehen. Dabei kann man allerdings leicht vorbeischlagen. Der Hauptnachteil des Faustens liegt darin, daß der Erfolg des Schlags nicht genau kontrollierbar ist. Man muß darauf achten, daß man den Ball möglichst nicht mit der Innenfaust, sondern mit den Knöcheln trifft. Niemals den Daumen in die Faust stecken, sonst kann es bei scharfen Schüssen leicht zur Verstauchung des Daumens kommen. Wer diese Grundregeln beachtet, kann sich durch gekonntes Fausten bei kritischen Situationen geschickt aus der Affäre ziehen.

Beim zweiarmigen Fausten erwartet man den Ball mit angewinkelten Armen. Sobald er in Reichweite ist, stößt man die Arme blitzschnell vor und faustet den Ball mit voller Wucht, möglichst seitlich von sich weg. Die gleiche Aktion erfolgt auch beim einarmigen Fausten oder beim Fausten im Sprung.

In Situationen, in denen der Tormann nicht sicher an den Ball kommt, boxt er ihn durch das Fausten aus der Gefahrenzone.

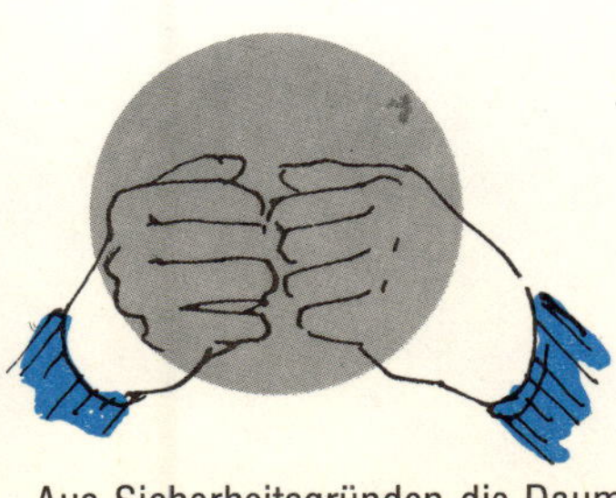

Aus Sicherheitsgründen die Daumen immer *auf* der Faust lassen!

Ablenken des Balles

Scharf geschossene Bälle, die aus nächster Entfernung wie Raketen auf das Tor zufliegen, können Sie in neun von zehn Fällen nicht fangen. Aber man kann ihre Flugrichtung ändern. Die Reflexbewegung aus der Hand heraus ist oft die letzte Chance des Torwarts, ein Tor zu verhindern. Doch der Ball sollte nie nach vorne, sondern möglichst über das Tor oder seitlich vom Tor abgelenkt werden. Sicher läßt sich so etwas trainieren,
aber eigentlich kommt dieser Reflex von innen. Es ist eine Reflexbewegung, die man in den Fingerspitzen haben muß. Das Ablenken des Balles ist in vielen Fällen sicherer als das Fausten, besonders, wenn der Ball seitlich kommt. Denn oft entscheiden dann Zentimeter, ob ein Tor fällt oder nicht.
Die offene Hand bringt noch ca. 5 cm dazu und das genügt oft noch, den Ball abzulenken. Außerdem hat man in den Fingerspitzen mehr Gefühl als in der Faust. Man kann also nicht nur ein Tor vermeiden, sondern dem Ball auch eine bestimmte Richtung geben.

Den Ball nie nach vorne, sondern entweder seitlich neben den Pfosten oder über die Latte ablenken. Die Richtungsänderung des Balls erfolgt durch eine Reflexbewegung der Fingerspitzen.

Fußabwehr

Ein Tormann kann in 90 Spielminuten immer wieder vor neuen Situationen stehen. Keine ist so wie die andere. Nur eines haben sie alle gemeinsam: sie bedrohen das eigene Tor. Um das zu verhindern, muß sich der Tormann mit geeigneten Abwehrtechniken zur Wehr setzen. Eine davon ist die Fußabwehr. Diese wird immer dann angewandt, wenn für eine andere, sichere Abwehr keine Zeit mehr bleibt. Der Tormann läuft in einem solchen Fall dem Gegner entgegen und stößt den Ball vom Gegner weg. Dies empfiehlt sich immer, wenn der Tormann mit Rücksicht auf die eigene Sicherheit den Ball nicht fangen möchte. Ebenso wird diese Technik angewandt, wenn man sich jenseits der Strafraumgrenze befindet, wo ein Berühren des Balls mit der Hand dem Gegner einen Freistoß verschaffen würde. Hier macht der Tormann einen sogenannten Befreiungsstoß, so daß der Ball weit über die Mittellinie hinaus ins gegnerische Spielfeld zurückfliegt. Falls Sie schon über besonders schnelle Reflexe verfügen, dann können Sie überraschenden Bällen auch mit dem Spagatschritt begegnen. Das Wegstoßen des Balles erfolgt dann mit einem tiefen Spreizschritt. Derartige Abwehrmaßnahmen sollten Sie nur in Ausnahmefällen vornehmen. Denn das Wegstoßen der Bälle beseitigt wie beim Fausten nur vorübergehend die Gefahr. Im nächsten Augenblick kann der Gegner schon wieder zum Torschuß ansetzen und Sie erneut in Schwierigkeiten bringen.
Fangen ist deshalb immer sicherer!

Abschlag, Abwurf

Wenn man als Tormann ständig in Bedrängnis ist, wenn der Gegner nichts wie stürmt und stürmt, dann ist der weite Abschlag aus der Hand die beste Waffe für einen Konterangriff und eine enorme Entlastung für die Abwehr dazu. Ein guter Tormann ist jederzeit in der Lage den Ball bis zu 70 oder 80 Meter aus der Hand abzuschlagen. Und das bedeutet, daß der Ball dann insgesamt rund 100 Meter zurücklegt, bis er voll ausgerollt ist. Der Ball befindet sich dann im Strafraum des Gegners und das ist für die andere Seite immer gefährlich. Beim Abschlagen aus der Hand ist es wichtig, daß der Ball von der ausgestreckten Hand vor dem Körper runterfällt und dann weit abgeschlagen wird. Also den Ball nicht zu hoch werfen, direkt vor dem Körper seitlich fallen lassen und dann sofort abschlagen. Eine andere Form des Abschlags aus der Hand, ist der sogenannte ,,Dropkick''. Das mache ich persönlich nicht so gerne, da es mit zuviel Risiko verbunden ist. Denn beim Dropkick muß der Ball zuerst am Boden aufspringen, dann kann er erst geschlagen werden. Dabei braucht der Ball nur etwas seitlich zu verspringen, und der Schuß geht entweder in die Zuschauertribüne oder sonst wo hin. Außerdem gehen Dropkick-Schüsse oft sehr flach raus und dabei kann es vorkommen, daß man den Gegner anschießt und man ist erneut in Bedrängnis. Dropkick-Schüsse sind daher für mich nicht so kontrollierbar wie der Abschlag aus der Hand. Deshalb ziehe ich den direkten Abschlag vor. Eine weitere Variante dieses schnellen Abspiels zum eigenen Mitspieler ist die Technik des flachen Abwurfs. Das ist aber nur ratsam, wenn sich der Mitspieler außerhalb des 16-Meter-Raumes, seitlich vom Tor oder in der Mitte, etwa 20 Meter vom Tor entfernt befindet und kein anderer Gegner dazwischen ist. Den Hauptvorteil des flachen Abwurfs sehe ich darin, daß der Spieler den Ball sofort annehmen kann und damit den Konterangriff einleitet. Bei einem hohen Abwurf müßte er ihn mit der Brust stoppen und dann ist gleich ein Gegner da, der ihn in ein Duell verwickelt. Das passiert bei flach zugeworfenen Bällen nie und das Spiel geht viel schneller weiter. Torleute kontern auch gerne mit der Technik des hohen Abstoßes. Hier gibt es zwei Arten: den Abstoß aus der Schulter und den Schleuderschwung. Beide Techniken werden angewandt, wenn man einen schnellen Gegenangriff einleiten will, die Gegenmannschaft weit am eigenen Spielfeld aufgerückt ist und sich noch ein eigener Spieler in der anderen Spielhälfte befindet. Dann wirft man den Ball entweder aus der Schulter heraus über die Köpfe der Spieler hinweg oder es erfolgt ein Schleuderschwung über die Schulter zum eigenen Spieler, der dann hoffentlich ungehindert das Gegentor stürmen kann. Beide Abstoßtechniken bringen der eigenen Mannschaft Raumvorteile und führen sehr oft zu gefährlichen Situationen vor des Gegners Tor.

Der häufigste Abschlag erfolgt aus der Hand oder aus der Luft. Beim Dropkick darf man den Ball erst wegschlagen, wenn er vom Boden hochkommt. Beim Abschlag vom Boden soll man den weitentferntesten Spieler anvisieren, sich auf den Ball konzentrieren und ihn dann mit voller Wucht rausschlagen.

Der Torwart als Feldspieler

Es ist immer ein Vorteil, wenn der Tormann auch Erfahrung als Feldspieler hat. Denn bricht einmal ein Stürmer alleine durch, dann muß ihm der Tormann entgegen gehen. Bei diesem Abwehrmanöver geht er in gehockter Stellung vor und wirft sich, wenn möglich, auf den Ball. Durch sein Herauslaufen verkürzt der Tormann automatisch den Schußwinkel und zwingt den Stürmer, ihn zu überspielen. Dabei gewinnt der Tormann Zeit und die eignen Leute können ihm zu Hilfe kommen. Auch wenn die eigene Mannschaft weit aufgerückt ist und ein Konterpaß erfolgt, beweist sich der Tormann als Feldspieler. Grundsätzlich soll er immer ungefähr 16 bis 20 Meter vor seinem Tor stehen, wenn sich das Spiel nach vorn verlagert. Denn dann kann er all den Konterpässen schneller begegnen und verkürzt den Schußwinkel zum eigenen Tor. Auf diese Weise wird so manche Gegenaktion des Angreifers blockiert.

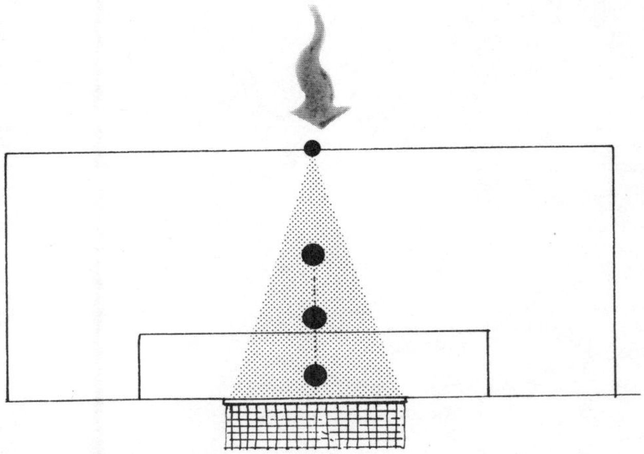

Hier wird klar, wieso die Torchancen für den Stürmer geringer werden, je weiter sich der Tormann vom Tor entfernt. Denn durch sein Herauslaufen verkürzt sich automatisch der Schußwinkel. Wichtig: Immer den Ball im Auge behalten, nicht den Stürmer ansehen!

Diese Abbildung beweist, daß dieser Vorteil auch bei seitlichem Anstürmen entsteht. Beim Herauslaufen verkürzt sich nicht nur der Winkel, sondern man gewinnt als Tormann zusätzlich die Chance, den Ball dem Stürmer abzujagen. Man muß nur den Ball beobachten! Wenn der Stürmer ihn vor sich hertreibt, muß man den Augenblick abwarten, bis der Stürmer den Ball berührt und sich dann sofort auf den Ball stürzen.
Aber Vorsicht, dabei kann man leicht überspielt werden!

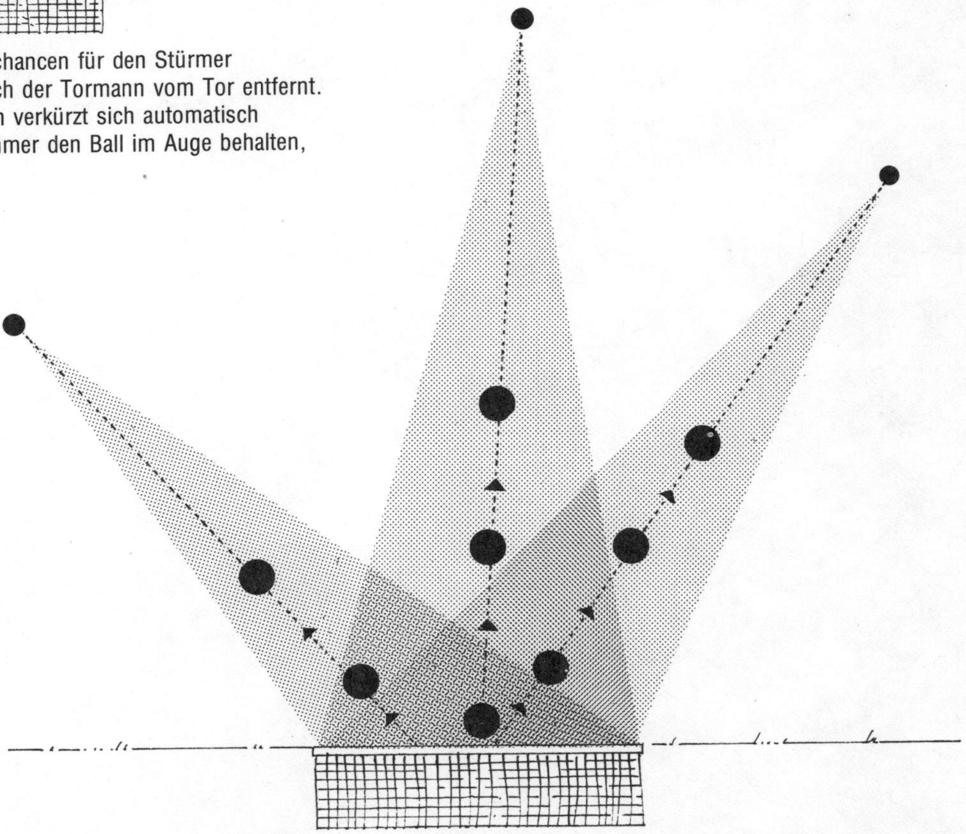

5
7

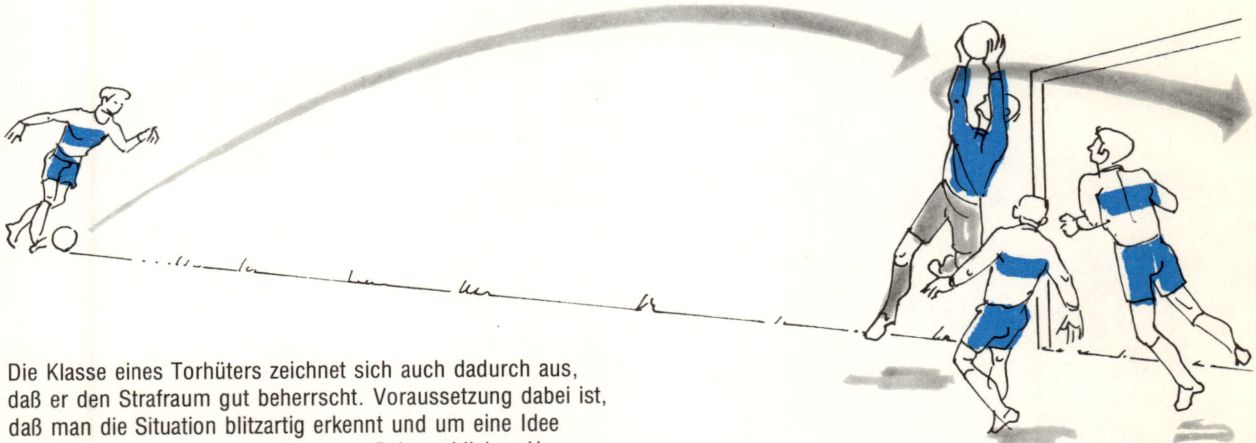

Die Klasse eines Torhüters zeichnet sich auch dadurch aus, daß er den Strafraum gut beherrscht. Voraussetzung dabei ist, daß man die Situation blitzartig erkennt und um eine Idee schneller am Ball ist als der Stürmer. Beim seitlichen Herauslaufen ist es wichtig, daß man sich auch seitlich schmeißt. Man sollte dabei den Ellbogen seitlich zum Boden haben und kann dadurch ein Durchrutschen verhindern.

Tippen des Balles

Wenn der Ball nicht gleich nach dem Fangen an die Spieler abgegeben werden kann, eröffnet der Tormann durch das Tippen die Offensive seiner Mannschaft. Er erobert auf diese Weise systematisch das Terrain und verschafft seiner Mannschaft dadurch einen räumlichen und spielerischen Vorsprung. Und zwar, wenn er den Ball im günstigsten Augenblick einem Spieler vor die Füße wirft.

Das Tippen ist nur innerhalb des Strafraumes möglich. Der Torhüter darf nur insgesamt vier Schritte mit dem Ball laufen, dann muß er ihn abschlagen. Es gibt hier folgende Kombinationen: 1×4 oder 2×2 oder zuerst einen, dann zwei und noch einen Schritt. Das Tippen darf nur solange ausgeführt werden, wie nicht eine augenscheinliche Spielverzögerung zu erkennen ist.
Sonst gibt es einen indirekten Freistoß gegen ihn.

Die Falltechnik

Viele Torleute gehen öfter zu Boden, als ihnen lieb ist. Das ist vermeidbar, wenn man ein gutes Stellungsspiel hat. Natürlich macht man in jungen Jahren gerne eine Schau und hechtet auch dann, wenn es gar nicht sein müßte. Doch erfahrene Torhüter vertrauen lieber auf ihr Stellungsspiel und fallen nur, wenn es unbedingt sein muß. Beim Fallen besteht immer eine Verletzungsgefahr. Deshalb muß man das richtig üben, möglichst auf allen denkbaren Bodenverhältnissen! Das Wichtigste beim Fallen ist, daß Sie sich nicht auf den Bauch, sondern seitlich fallen lassen. Seitlich haben Sie viel mehr Chancen, den Ball zu erwischen. Wenn Sie sich auf den Bauch werfen, besteht immer die Gefahr, daß der Ball unter Ihnen durchgeht. Wenn Sie sich vor Schaden bewahren wollen, muß auch das geübt sein. Fangen Sie aber zuerst auf einem weichen Boden an. Denn die Wucht des ganzen Aufpralls wird durch die Fluggeschwindigkeit noch erheblich erhöht. Das kann bei steinhartem Boden ganz schön in die Knochen fahren. Aber wenn Sie diese Technik beherrschen, haben Sie eine der schwierigsten Lektionen bereits hinter sich.

Das Hechten erfolgt mit ausgestrecktem Körper, die Handflächen sind beim Zupacken hinter dem Ball. Sobald der Tormann den Ball im Griff hat, zieht er ihn an den Körper und igelt sich ein.

Ecke

Das sichere Abfangen von Eckbällen ist meistens eine Frage der Grundaufstellung, also, wie man seine Abwehr postiert. Das ist von Tormann zu Tormann verschieden. Meine sieht immer so aus: ein Mann kommt etwa 9 Meter vor den Schützen, einer an den vorderen Torpfosten, ein weiterer etwa drei Meter von ihm seitlich entfernt. Ich selbst stelle mich etwa zwei Meter vor dem hinteren Pfosten in zwei Meter Entfernung und drei Meter vor dem Tor auf. Die meisten Eckballschützen schießen die Bälle gerne scharf und halbhoch. Durch diese Aufstellung ist es dem Schützen aber nicht mehr möglich, den Ball fest anzuschneiden, sondern er muß den Ball etwas höher bringen. Dadurch habe ich aber genügend Zeit, um den Ball abzufangen. Andererseits lassen sich durch diese Abwehrposition viele Eckballschützen dazu verleiten, den Ball an einen Mitspieler abzuspielen. In diesem Fall provoziere ich ein Abseits, indem meine Hintermannschaft die Aufgabe hat, sofort auf Ballhöhe rauszulaufen. Abseits deshalb, weil meist der angespielte Spieler das Leder sofort wieder an den Eckschützen abgibt und der unverzüglich ins Tor hineinflankt. Durch unsere Blitzaktion steht er aber dann im Abseits und wir sind wieder am Ball.

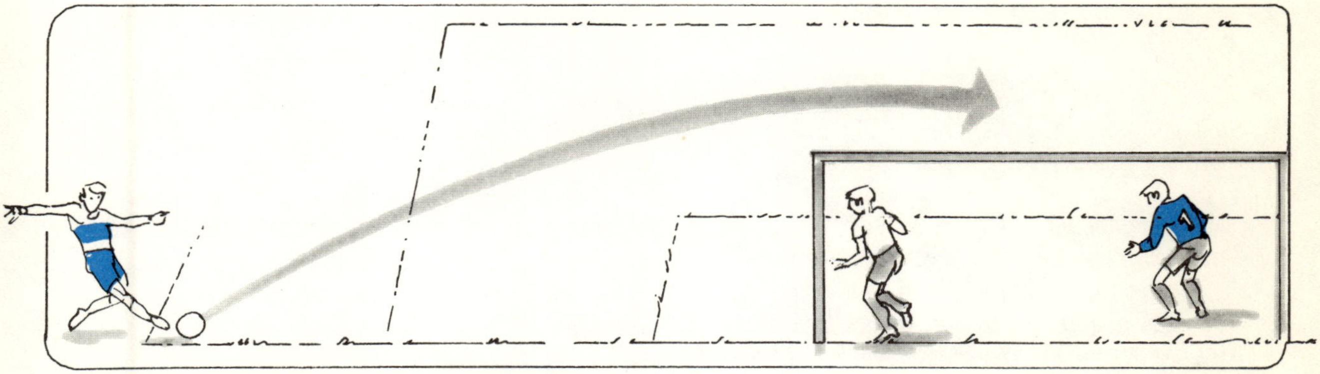

Hier sehen wir, daß der Tormann nicht auf der Torlinie, sondern ein paar Schritte vor dem Tor steht. Er geht in den Schußwinkel, um auf diese Weise den Abstand zu den extrem seitlichen Schußlinien zu verkürzen.

Beim häufigen Wechsel des Balles muß der Torwart seine Einsatzposition immer der jeweiligen Angriffssituation neu anpassen.

Freistoß

Ein Freistoß verliert an Gefährlichkeit, wenn der Tormann mit seiner Hintermannschaft gut eingespielt ist. Aber von der berühmten 7- bis 8-Mann-Mauer halte ich nichts, denn sie blockiert nur die Sicht. Das Beobachten des Freistoßschützen kann aber sehr torentscheidend sein. Er könnte nämlich hinter der Mauer den Ball nach rechts oder links abspielen oder ihn anschneiden, davon kriegt der Tormann dann kaum etwas mit, sondern sieht den Ball erst, wenn er über die Mauer fliegt. Auf diese Weise kann man leicht überrascht werden, denn die Reaktionszeit wird auf 9 statt 18 Meter reduziert. Deshalb stelle ich maximal 4 Mann als Mauer auf, wobei sich der größte von mir gesehen links außen aufstellt; nach innen hin werden die Spieler dann immer kleiner. Das ist wichtig, weil der Schütze dadurch den Ball nicht ins lange Eck schneiden kann. Grundsätzlich gibt es zwei Arten des Freistoßes: den direkten und den indirekten, wobei der indirekte der gefährlichere ist. Denn hierbei kann der Schütze den Ball zwei, drei Meter abspielen und dadurch für ihn einen besseren Schußwinkel erzielen. Aber auch dagegen haben wir ein wirksames Abwehr-Störsystem. Gerd Müller stürmt in so einem Fall sofort los und versucht den Schützen zu blockieren. Das hat sich bisher immer als sehr erfolgreich erwiesen. Andererseits erhöht es die Gefahr, daß der Ball durch das Blockieren abgefälscht wird. Aber bei Gerd Müller ist das immer ganz gut gelaufen. Er kann es eben.

Anhand dieser Abbildungen sieht man, wie sich der Einschußwinkel verhält, wenn man so wie ich eine 4- bzw. 5-Mann-Mauer aufbaut. Das Tor wird von der Mauer mehr als 2/3 abgedeckt und der Tormann kann das Vorhaben des Schützen genau beobachten.

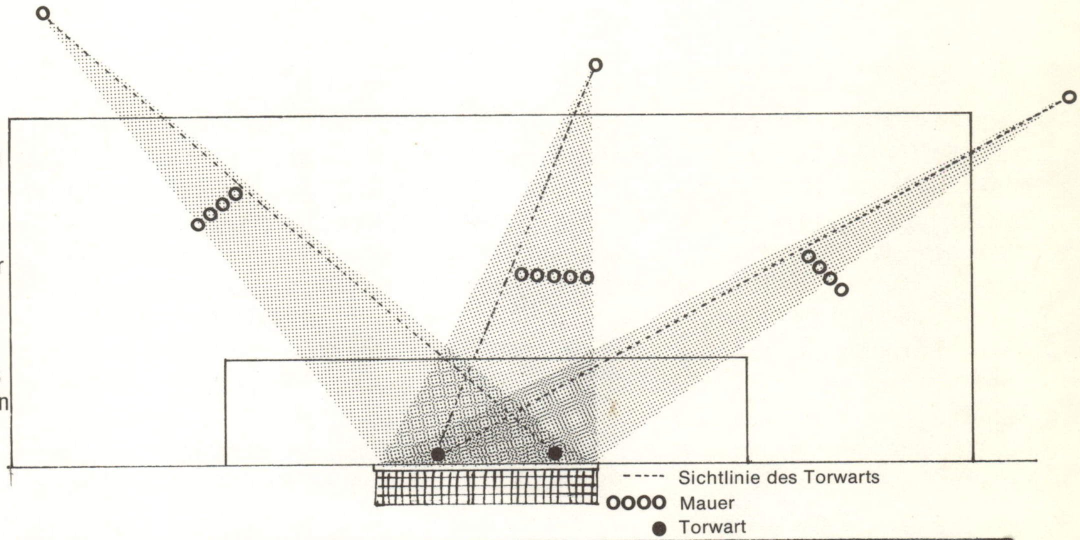

Elfmeter

Wenn der Pfiff des Schiedsrichters ertönt, sollte sich kein Tormann auf Debatten einlassen, sondern in der erwähnten Grundhaltung und höchster Konzentration den Schützen beobachten. Ihre Chancen, durch schnelles Reagieren ein Tor zu verhindern, sind mindestens 50:50. Denn schlecht geschossene Elfmeter sind genauso häufig, wie zu spät erkannte Schußrichtungen. Aber es steht Ihnen frei, den Schützen kurz vor seinem Schuß durch eine Armbewegung zu irritieren oder durch eine Körperneigung eine Sprungrichtung vorzutäuschen.

Viele Schützen versuchen dann den Ball möglichst knapp in die Ecke zu setzen und verfehlen dabei ihr Ziel. Sie sollten sich darüber im klaren sein, daß Sie Bälle, die nicht weiter als 1 Meter neben dem Pfosten einschlagen, rein psychisch nicht halten können. Das haben nämlich Messungen ergeben. Aber sich vorsorglich in eine Ecke zu werfen, ist auch Glücksspiel. Ausgenommen, Sie kennen die Lieblingsecke des Schützen. Besser ist es in jedem Fall, wenn Sie das Standbein des Schützen beobachten und dann blitzartig reagieren. Aber so etwas muß oft geübt werden.

Verletzungen

Auf einen Tormann schlagen nicht nur hartgetretene Schüsse ein, sondern auch oftmals die ganze Wucht eines Gegners. Besonders gefährlich wird es für ihn, wenn er sich vor die Beine des Schützen wirft. Das hat schon oft zu schweren Verletzungen geführt. Deshalb sollte man solche Aktionen möglichst vermeiden. Denn wer kann in der Hitze des Gefechts genau abwägen, wie beherrscht der Gegner ist. Auch sollte man an seine eigene Sicherheit denken, denn eine Verletzung kann eine Karriere schlagartig beenden. Ich hatte da besonderes Glück. Denn wenn man bedenkt, daß ich schon seit 15 Jahren im Tor stehe und erst zweimal wegen Verletzungen ausgefallen bin, so kann ich zufrieden sein. Eine der schmerzhaftesten Blessuren mußte ich beim Europacup-Spiel gegen Magdeburg hinnehmen. Beim Zweikampf gegen einen Stürmer traf mich der Fußballschuh so hart an der Oberlippe, daß ich zwei Zähne verlor und eine zwei Zentimeter lange Rißwunde davontrug. Wie man weiß, laufen an der Oberlippe die Nerven zusammen, die mußten wieder zusammengeflickt werden. Das waren Schmerzen, die nur mit starken Tabletten zu ertragen waren. Aber heute ist wieder alles heil. Die zweitschwerste Verletzung stellte sich beim Spiel gegen Oberhausen ein. Hier wollte ich eine Flanke abfangen und bin kopfüber in den Boden gesaust. Dabei hat sich meine Schulter ausgerenkt. Das Spiel war am Mittwoch, doch schon drei Tager später stand ich erneut im Tor. Allerdings ließ ich mir vorher eine schmerzstillende Spritze geben. Damit dokterte ich noch 5 Monate herum, ehe dieser Schmerz überwunden war. Ein weniger schmerzhafter, aber um so persönlich tragischer Unfall ereignete sich 1966 bei der Weltmeisterschaft in England. Schon am dritten Spieltag ging ich bei einem Luftkampf hart zu Boden und brach mir den Mittelfinger. Bei der letzten Südamerika-Tournee war ich wegen eines Muskelfaserrisses 10 Tage blockiert, doch in Rio stand ich dann schon wieder mit Verband im Tor. Einmal hatte ich eine Nagelbettverletzung. Der Nagel lag bereits unter Eiter und die Zehe war sehr angeschwollen. So kam ich in keinen Schuh. Doch wichtige Spiele standen vor mir. Da habe ich dann ganz einfach die Schuhkappe abgeschnitten und spielte 6 Wochen so. Damit konnte ich zwar keinen Abschlag machen, aber damals war Franz Beckenbauer noch bei uns und der hat das für mich erledigt. Bei Verletzungen ist der Tormann schlechter dran als ein Feldspieler. Denn bricht er sich zum Beispiel einen Finger, dann ist das Spiel für ihn vorbei. Ein Feldspieler kann damit aber zur Not weiterspielen. Deshalb muß ein Tormann immer auf der Hut sein, das Spiel geistig mitspielen, die kritischen Situationen durch taktisches Verhalten abschwächen und möglichen Gefahren durch Mitspielen aus dem Weg gehen.

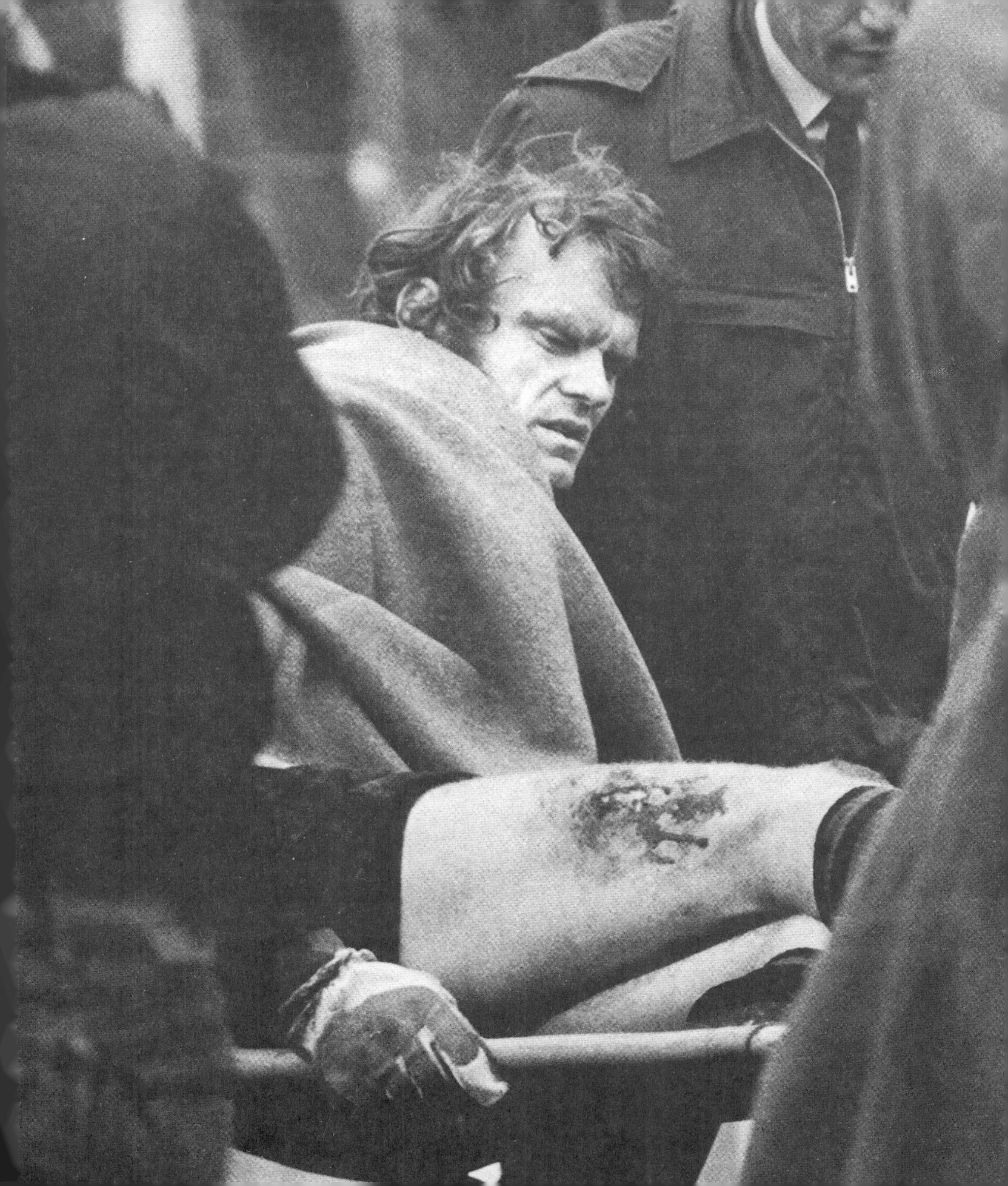

Allgemeines Torwarttraining

Kein Körper kann optimal reagieren, wenn man ihn nicht geschmeidig hält. Und das beste Wissen über Torwarttechniken nützt im Spiel wenig, wenn Ihnen die Kondition fehlt. Damit Sie aber bei jedem Wetter, bei allen Bodenverhältnissen und jeder Situation blitzschnell reagieren, sicher fangen und ohne Verletzungsgefahr fallen lernen, sollten Sie meine Gymnastik-Tips beherzigen.
Mit diesem Zusatztraining können Sie ihre Leistungsfähigkeit erheblich steigern. Ich selbst übe regelmäßig danach und führe darauf zum großen Teil meinen Erfolg zurück.

adidas

Diese Übung dient zur Geschmeidigkeit der Rückenpartien. Man winkelt das linke Bein an und streckt das rechte. Dann beugt man sich mit den Fingerspitzen zu den Zehenspitzen. Dann wechselt man das Bein und macht in dieser Weise weiter. Dabei das Tempo steigern!

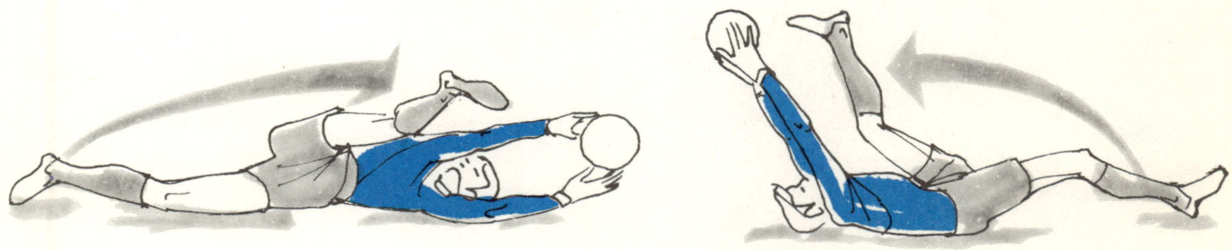

Bei dieser Übung legt man sich langgestreckt auf den Rücken, Beine geschlossen, Ball mit den gestreckten Armen schräg über den Kopf nach hinten halten. Nun linken Fuß an den Ball, dann rechtes Bein an den Ball. Dasselbe in der Seitenlage ausführen. Die Knie schön durchdrücken!

Übung mit Medizinball. Man läßt sich im Sitzen den Ball zuwerfen. Der Oberkörper ist vorgebeugt, die Arme vorgestreckt. Der Partner wirft den Medizinball mit voller Wucht. Der Torhüter fängt ihn und wirft sich mit dem gefangenen Ball, den ausgestreckten Armen, dem ganzen Körper und den Beinen nach hinten. Dann wirft er ihn mit gleicher Wucht zurück.

1
adidas

Bei dieser Übung nimmt man eine Grätschstellung ein. Dann bückt man sich zum Ball, greift mit der rechten Hand hinter das Bein und gibt mit der linken den Ball der rechten Hand. Dann eine halbe Wendung. Am linken Bein macht man es genauso. Diese Achterbahn wiederholt man mindestens zehnmal. Das schult das Ballgefühl und fördert die Beweglichkeit.

Hier stehen sich zwei Partner mit dem Rücken gegenüber, beide nehmen eine Grätschstellung ein. Auf Kommando drehen sich beide nach rechts, der den Ball hat, übergibt ihn dem anderen. Danach erfolgt eine Drehung nach links und so weiter. Diese Übung steigert die Wendigkeit und stärkt die Rückenmuskeln.

das
1

Diese Übung ist etwas schwierig. Man hält den Ball in der linken Hand und greift mit der rechten von hinten durch die Beine. Dann läßt man den Ball los und greift blitzschnell mit der rechten Hand vor das Bein, mit der linken dahinter. Der Ball bleibt aber in der Luft, er darf den Boden nicht berühren! Öfter wiederholen!

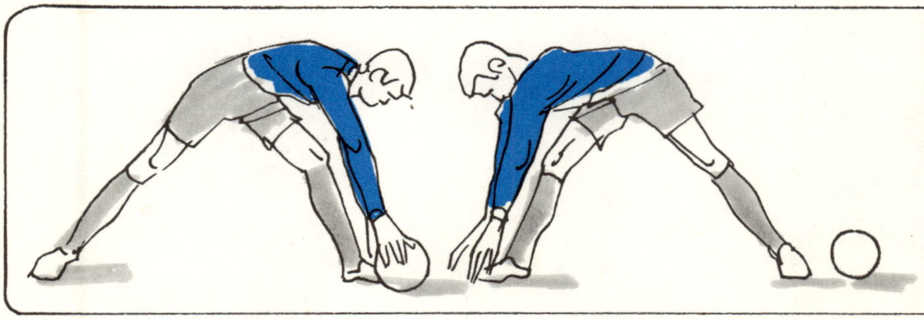

Grätschstellung einnehmen, den Ball seitlich neben den Fuß legen, dann Rumpfbeuge mit leeren Händen zum rechten Bein hinschwingen, zurückschwingen und Ball von links nach rechts holen, dann mit einer Drehung den Ball zurückbringen.

Aus breiter Grätschstellung den Ball so weit wie möglich vor sich legen. Dann durch die gegrätschten Beine greifen, wieder nach vorne greifen und den Ball nach hinten holen, dann wieder mit leeren Händen weit nach vorne greifen. Tempo steigern!

Bei dieser Übung nimmt man entgegengesetzt zum Partner Seitenlage ein. Die Bälle werden dann in Richtung der eingezeichneten Pfeile geworfen. Beide müssen den Ball fangen, ohne daß dieser den Boden berührt. Ball rechts fangen, links werfen, und umgekehrt, schneller, noch schneller!
Und mit steigender Kraft!
Das stärkt die Hüftbeweglichkeit!

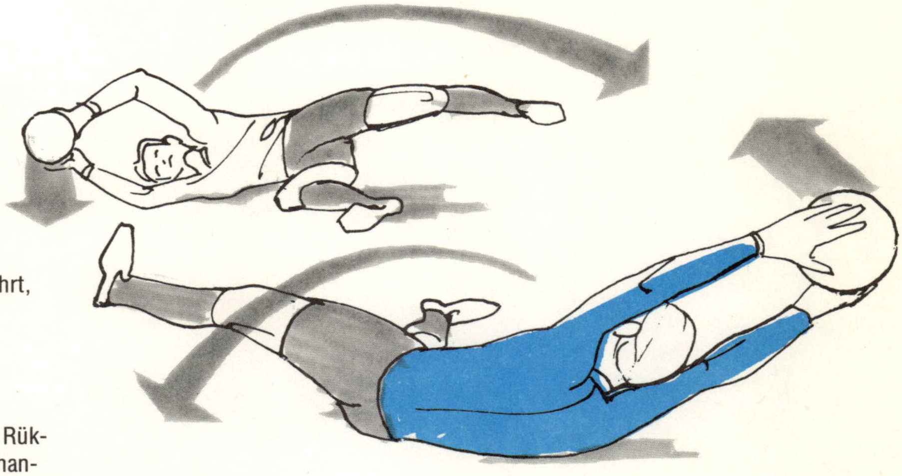

Hier stehen zwei Partner mit dem Rükken und gegrätschten Beinen zueinander. Dann streckt man sich nach hinten und reicht seinem Partner den Ball. Beide bücken sich nun und reichen den Ball durch die gegrätschten Beine zum Partner hinüber. Das sollte so oft wiederholt werden, wie man es vermag.

Der Torhüter wirft bei dieser Übung den Ball aus der Hand etwa 3–5 Meter hoch, schlägt dann einen Purzelbaum und schaut, daß er den Ball im Sprung wieder erreicht. Anfänger üben das, indem sie den Ball etwa 10 Meter hoch werfen. Das ist eine reine Schnelligkeitsübung.

Hier nimmt man den Ball in die linke Hand und streckt sich ganz weit nach hinten. Man macht dabei ein Hohlkreuz und geht etwas in die Knie, dann kippt man den Ball aus der Hand, dreht sich blitzschnell um die eigene Achse und versucht den Ball vor dem Boden zu fangen. Das übt man wechselweise mit der linken und rechten Hand.

Bei dieser Übung steht der Torwart mit dem Rücken zum Trainer und läßt sich auf Zuruf die Bälle zuwerfen. Da die Bälle wechselweise nach links, rechts oder nach oben geworfen werden, wird höchstes Reaktionsvermögen gefordert.

Die Fang- und Falltechnik gehört zu der schwierigsten Aufgabe des Tormanns. Je härter man sie trainiert, desto sicherer bekommt man sie in den Griff. Ihr Körper muß wie ein Automat reagieren und Ihre Sprungkraft der eines Tigers gleichen. Ihre Wendigkeit sollte schlagartig erfolgen. Und die Aufprallgeschwindigkeit muß gekonnt gedämpft werden. So etwas muß man üben, üben, üben. Bis es sitzt. Mit den zwei Übungsbeispielen können Sie das gut trainieren. Fangen Sie langsam damit an, aber versuchen Sie das Tempo von Tag zu Tag zu steigern.

Diese Fangübung ist ideal, wenn sich zwei Torhüter trainieren wollen. Jeder wirft dem anderen gleichzeitig einen Ball zu. Der eine wirft ihn flach, der andere hoch. Dann wechselt man ab.

Diese Abbildung zeigt eine Sprungkraft- und zugleich Fallübung. Der Übende nimmt sich zwei Bälle und postiert sie ungefähr in Torbreite rechts und links neben sich auf. Der Tormann selbst stellt sich in die Mitte. Dann springt er wechselweise mal links, mal rechts. Insgesamt etwa zehnmal. Man kann diese Übung auch mit vier oder sechs Bällen ausführen, indem man sie wie ein Quadrat oder ein Sechseck auf den Rasen legt.

BERG
BERG

BERG
BERG
BERG

Schon in jungen Jahren Erfolg im Beruf

Henry Ford hatte die 40 bereits überschritten, ehe er zu beruflichem Ansehen kam. Picasso mußte gar 50 Jahre darauf warten. Und Altbundeskanzler Adenauer erreichte erst mit 73 Jahren sein höchstes Ziel. Unter Hunderten von Berufen bieten nur eine Handvoll einem jungen Mann die Chance, finanziell groß herauszukommen. Dazu gehört der Fußballsport. Hier kann sich schon mit 25 so mancher Traum erfüllen. Allerdings erfordert das Opfer. Denn man muß bereits als Junge sehr viel Zeit und Energie investieren, als man normalerweise in diesem Alter dazu bereit ist. Besonders während der Berufsausbildung wird der Charakter hart auf die Probe gestellt. Und das Privatleben muß sehr zurückgestellt werden. Dennoch ist mir genug an Freude geblieben. So zum Beispiel, wenn ich mit meinem Bruder Fußball spielte, um diese oder jene Variante noch besser zu beherrschen, oder wenn sich mein Vater wieder als Schußkanone versuchte. Für mich war das Weiterkommen im Fußballsport wichtiger. Deshalb vertiefte ich mich ins Training und unterdrückte alles Nebensächliche. Darum verdiene ich heute ein Vielfaches von dem, was ich als gelernter Maschinenschlosser hätte erarbeiten können. Natürlich war damals der erste Gehaltsprung von DM 800,— auf 1.200,— pro Monat nicht so groß, wenn man das Berufsrisiko bedenkt und auch die Verletzungsgefahr mit einrechnet. Aber immerhin war ich als Profi eine Stufe höher gerückt und zimmerte damit die Basis meiner späteren Karriere. Heute gibt es in Deutschland bei 1000 Profispielern vielleicht 6 oder 7 Spieler, die sogenannte Traumgagen erzielen. Aber selbst Durchschnittsprofis kommen mit ihren Prämien auf ein Gehalt, das dem eines Generaldirektors oder dem eines Ministers entspricht. Allerdings muß man dazu schon etwa 30–40 gute Länderspiele hinter sich gebracht haben, wofür man wenigstens 5 bis 10 Jahre hart trainieren muß. Aber wenn man innerhalb von 10 Jahren mit der Mannschaft viermal deutscher Meister, viermal Pokalsieger und viermal Europapokalsieger wurde, dann steigen natürlich auch die Prämien und der Sprung nach oben ist geschafft. Dazu braucht man aber nicht nur Können, sondern auch Glück. Denn eine Verletzung kann die hoffnungsvollste Sportkarriere auf einen Schlag beenden. Doch daran denkt man nicht, wenn man einen Beruf hat, der nicht zur stumpfsinnigen Tretmühle des Alltags wird, sondern Spaß macht. Und noch weniger denkt man darüber nach, ob man je so berühmt wird, wie zum Beispiel Uwe Seeler, Pelé oder Franz Beckenbauer, noch, ob man je so viel Geld verdient wie sie. Für die meisten Vollblut-Kicker ist Geld bestenfalls der Maßstab ihres Erfolgs. An später denken die wenigsten. Die Liebe zum Sport hat Vorrang. Dennoch kann ich nur jedem Nachwuchstalent raten, sich neben dem Fußballsport auch einen Beruf oder ein Studium aufzubauen. Das läßt sich durchaus mit dem Sport vereinbaren, wenn man die nötigen Energien besitzt.

Jupp Kapellmann vom FC Bayern hat sie sicher im reichen Maße, denn er studiert sogar Medizin. Das kostet natürlich sehr viel mehr Kraft, Einsatzwillen und Opferbereitschaft, als der Durchschnitt einzusetzen bereit ist. Alles ist eben auch immer eine Frage der persönlichen Zielstrebigkeit. Aber unabhängig davon bietet einem dieser Beruf genau das, wovon so viele junge Leute träumen: mehr Geld, mehr Reisen, mehr Erfolgschancen in jungen Jahren. Einen Haken hat das natürlich auch: man gewöhnt sich so leicht daran.

Leistung spricht sich schnell herum

Niemand kann ein Lob deutlicher aussprechen als eine Schlagzeile. Deshalb ist man als junger Spieler ganz versessen darauf. Auch ich jagte meiner ersten Schlagzeile nach wie einem Ball. Und ich erinnere mich noch gut daran, wie stolz ich war, als mir mein Vater den ersten Zeitungsartikel vor die Nase hielt, der sich mit mir befaßte. Das ist ein unbeschreibliches Gefühl. Ebenso stolz war ich, als ich mit 18 Jahren beim großen Turnier der europäischen Amateurmannschaften in England für Deutschland im Tor stand. Im ersten Spiel war Holland in Durham unser Gegner. Wir gewannen 1:0. Einige Tage darauf trafen wir mit Frankreich zusammen. Wir siegten 5:2. Dann kam der größte Rivale auf uns zu: Gastgeber England. Dieses „Pech" konnte uns aber nicht entmutigen. Wir schlugen auch die Tommys mit 1:0. Nun waren wir Gruppensieger. In der anderen Staffel, mit ebenfalls vier Mannschaften, hatten sich die Schotten als Sieger durchgesetzt. Gegen die haben wir dann zwar unglücklich 2:5 verloren, doch immerhin durften wir uns als Vize-Europameister der Amateure fühlen. Auch die Kritiker unterstrichen auf ihre Weise mein Gefühl. Denn später las ich schwarz auf weiß: „Bester Torhüter des Turniers war Sepp Maier." Wenn man so etwas als junger Spieler liest, dann wird der Ehrgeiz noch mehr angefeuert, man will noch Besseres leisten und noch mehr an sich selbst arbeiten. Aber auch persönliche Komplimente, besonders wenn sie von so nüchternen Spielern wie dem Kapitän Willi

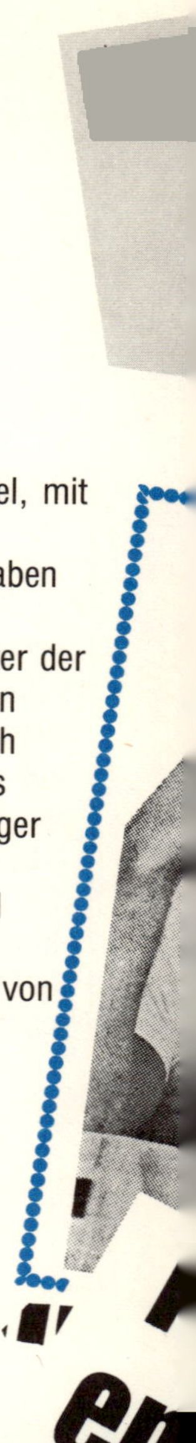

p Maier „Fußballer des Jahres 1975"

ein Ziel ist die WM 78"

dlung und Erfolgsgeheimnis des „Bayern"

München (dpa) | Maier"

Sepp Maier: Erst wurde der „Bay ga-Kollegen zum „Mann de auch noch Deutschland 1975". Der 62fa

Nach dem Europapokalfinale

Sepp Maier – bester Torwart der Welt

Maier hält alles

0 in Mexiko

schin!

Europapo- brechung, nkt dabe lentliche Jean-Ph nen di menschen vor, erstaunlich nen Rang unter den endgültig zialisten in der größten Fußballs eingenommen Geschichte diesem Vorspann stellt hat" französische die L'Equipe Tagessport Ausgabe in ihrer den Münchner Woch auf einer halben Seite vor In sechsspaltiger Üb heißt es: „Sepp Maier neue Jaschin!" Die and Seite ist einem Buch das Jacques Thiber Franz" benannte und im Vorspann im erste „Franz Beckenbauer men mit Pelé und einer der besten Fu modernen Zeit, ei die den gesamten und glorifizieren." Rethacker, ein Fußball-Kolumn Tage, schreibt i „Innerhalb eine Weltmeistersch pokal 1975.

Fußballer des Jahres am

Der neue Elfmetertöter

rettete Bayern München

Maier hielt Strafstoß und dadurch das 0:0 in Duisburg

sätzen Rekord-Teilnehmer in der jetzt zwölfeinhalbjährigen Bundesliga-Ge- Gerd Müller, der seit Monaten Star des FC Bayern, ehrscheinlich

HAMBURG. „Erneut den Europapokal verteidigen und mit der Nationalmannschaft wieder Europameister werden. Außerdem einen Spitzenplatz in der Bundesliga."

Das sind die durchaus realisierbaren des 31jährigen Rekord-Natio- Sepp Maier (65 Länder- bestimmt am we- so viele

Der Ehrgeiz von Sepp Maier ist noch groß: „Ich werde alles tun, um auch 1978 bei der Weltmeisterschaft in Argentinien das deutsche Tor zu hüten." Erstaunlich, daß die „Katze von Anzing" (wie er sich selbst tituliert) von den bisher 356 überhaupt möglichen Bundesliga-Spielen 353 bestritt, also seit über zehn Jahren nur dreimal fehlte.

Den zweiten Platz in der „ewigen" Spieler-Rangliste nimmt Mönchengladbachs Schlußmann Wolfgang Kleff ein, 19. April 1969 in 227 Begeg- das Bundesliga-Tor

IT'S SUPER SEPP

elskerl Sepp Maier

rvte die Engländer

e das 0:0

wie eine Katze

111 Monate lang immer

über 200mal das

Schulz vom HSV kommen, bringen das Feuer der Begeisterung ganz schön zum Lodern.
,,Mensch, Maier!" platzte er heraus, als mir an jenem denkwürdigen 12. Oktober 1966 in Ankara/Türkei so allerhand ,,Ausbesserungsarbeiten" an der deutschen Abwehrmauer glückten.
Auch der türkische Trainer Suevari und der Verbandspräsident Seref Adaak lobten hinterher:
,,Bester Spieler der Deutschen war ihr Torhüter"
Die deutsche Presse schrieb anerkennend:
,,Münchner Torwart rettet 2:0-Fußballsieg in der Türkei". Über so schmeichelnde Urteile freut man sich natürlich riesig. Besonders, wenn man noch am Anfang seiner Karriere steht. Gute Leistungen sprechen sich immer schnell herum und bald war der Name ,,Maier" in aller Munde.

adidas

Plötzlich steht man im Tor der ungeahnten Möglichkeiten

Wenn man den heißersehnten Sprung aus der Anonymität geschafft hat, ändert sich nicht gleich die Welt. Aber man sieht sie plötzlich mit anderen Augen. Denn alles, was vorher unerreichbar erschien, ist jetzt zum Greifen nah. Vieles, was früher ein Traum war, nimmt jetzt reale Formen an. Und einiges, was damals noch unmöglich schien, wird möglich. Erfolg kann so berauschend wie Champagner sein, kann die Phantasie beflügeln und sich segensreich auf das ganze Leben auswirken. Denn wer sich fußballerische Anerkennungen einspielt, holt sich auch die finanziellen Erfolge ins Haus. Das kommt dann ganz automatisch: zuerst ist es ein Sportwagen, dann plant man vielleicht ein eigenes Haus und eines Tages legt man den Grundstein für ein eigenes Unternehmen. Ich war selbst überrascht, wie schnell der Erfolg für einen arbeitet.

EBE-C 7

Mit dem Fußball rund um die Welt

Manche Leute sparen ein Leben lang, um einmal die Welt zu sehen. Andere kommen nie aus Europa heraus. Und für die meisten bleiben Fernreisen ein ewiger Traum. Wer sich aber dem grünen Rasen verschreibt, kommt öfter um den Globus als mancher Weltenbummler. Der bekommt schon in jungen Jahren den Kontakt zur Welt, lernt andere Mentalitäten und Kulturen kennen und Zusammenhänge besser verstehen. Es gibt Länder, die eine Mannschaft wie Astronauten empfangen und Völker, die deutsche Fußballer besser kennen als den Bundeskanzler. Es gibt Kinderaugen, die einen wie einen Halbgott anstarren, und Stadien, in denen der Jubel der Begeisterung keine Grenzen kennt. Der Ruf einer Mannschaft kann bis zu den entferntesten Erdteilen vordringen. Und manche Fußball-Idole verehrt man auf der ganzen Welt.

Auch die Erfolge der deutschen Weltcup-Elf verbreiteten sich über den Äther in alle Erdteile und bescherten uns manchen eindrucksvollen Empfang. So zum Beispiel das unvergeßliche Erlebnis, als wir von Südamerika nach Hause flogen und in Dakar/Afrika zwischenlanden mußten. Da vergaß das Flughafenpersonal von Dakar vor Begeisterung seinen Feierabend und wartete bis 2 Uhr früh auf uns. Alle wollten die legendären Stars sehen, und als wir endlich aus der Maschine krochen, starrten sie uns nur sprachlos an. Für sie waren wir die weißen Fußball-Götter aus Old Germany. Für diesen Augenblick opferten sie über 6 Stunden ihrer Freizeit.

So etwas erlebt man nur in diesem Sport. Hier zeigen sich Zuneigungen, die einfach nicht zu beschreiben sind. Aber man genießt es.

Mich führte der Fußball schon mit 17 Jahren durch ganz Europa. Heute habe ich außer Ostasien die ganze Welt gesehen.

Bei Auslandsspielen findet sich immer Zeit, organisierte Stadtrundfahrten mitzumachen oder die nähere Umgebung dieser Spielorte kennenzulernen. Oft wird die Mannschaft auch von der deutschen Botschaft eingeladen. Und schließlich flattern Profi-Fußballern auch Auslandsangebote ins Haus. Darauf habe ich selbst nie reagiert, aber ich kenne eine Reihe von Topspielern, wie z.B. Franz Beckenbauer und Günther Netzer, die über einen Auslandsaufenthalt zu mehr Geld, mehr Ruhm, und mehr Zukunftschancen kamen. Die ersten deutschen Pioniere waren in diesem Zusammenhang die Fußballer Haller und Schnellinger, die 1966 nach Italien gingen.

Heute sind für deutsche Profis Auslandsangebote nur noch selten interessant. Seit Gründung der deutschen Bundesliga haben unsere Vereine das europäische Ausland auch in finanzieller Hinsicht überholt. Doch nach wie vor steht jedem Topspieler die übrige Welt offen.

Jeder Spitzensportler gehört der Öffentlichkeit

Presseleute irren oft wie hungrige Wölfe durch die Veranstaltungen, versuchen hier und da einen fetten Brocken aufzuschnappen, „zerfleischen" sich untereinander, wenn es um einen dicken Fisch geht, und stimmen auch ein Klagelied an, wenn man ihnen Antworten schuldig bleibt. Als Sportsmann gehört man der Öffentlichkeit und so muß man mit den Wölfen heulen.

Presseleute brauchen eine Story, wie Rauschgiftsüchtige ihren Stoff. Sich gegenüber der Presse ablehnend zu verhalten, wäre auch nicht fair. Denn ohne sie gäbe es heute kaum eine Bundesliga, wären die Stadien nicht voll, würde dieser Sport nie aus dem Normalmaß hinausgewachsen sein.

Presseleuten verdanken viele heutige Topstars mit ihren Aufstieg. Ohne ihre Schlagzeilen wäre so mancher Spieler schnell in der Versenkung verschwunden. Ohne ihre Berichte würde dieser Sport schnell in Vergessenheit geraten.

Die Presseleute sind unsere geheimen Manager und die besten Werber für den Sport. Sie begleiten einen Spieler vom Anfang bis zum glücklichen oder auch bitteren Ende. Sie bauen einen Spieler mit auf und lassen ihn wieder fallen. Das ist ihr Job.

Die Post ist ein zuverlässiges Barometer der Popularität

Wenn man den Briefträger öfter sieht als einem lieb ist, wenn der Briefkasten täglich überquillt, wenn man Stunden braucht, um aus dem Berg der Verehrerpost seine eigene Privatpost herauszufischen, ist das ein sicheres Zeichen der Popularität.

Bei mir sind es 50000 bis 70000 Posteingänge pro Jahr. Diese alle zu bearbeiten, zu lesen und zu beantworten, erfordert eine Menge Freizeit und viele hilfreiche Hände dazu. Es sind ja nicht immer nur Autogramm-Wünsche. Einige Fans verlangen die Zusendung von Torwarthandschuhen, andere bitten um signierte Fußbälle. Man müßte ein richtiges Versandhaus aufmachen, um alle Wünsche zu befriedigen.

Oft wenden sich Nachwuchsspieler mit Fragen an mich. Und manchmal sind so kuriose Bitten dabei, daß man sich an den Kopf greift. Da wollte man von mir zum Beispiel wissen, wo es in Oberbayern günstige Übernachtungen gibt, in welchem Lokal man noch echt bayerische Gerichte bekommt und ob ich mal ein Stündchen Zeit habe. Wenn ich im Tor stehe und die vielen Leute auf den Tribünen sehe, frage ich mich gar manchmal, wie viele von ihnen wohl meine Fans sind? Man kann sie ja nicht zählen, sondern muß sich auf reine Vermutungen verlassen.

Deshalb ist die Fanpost das einzige Barometer, das zählt.

Bayern

Wenn einen der Film entdeckt, sollte man mitspielen

Fußballer und Schauspieler haben manches gemeinsam: sie lieben die Begeisterung der Zuschauer und tosenden Applaus. Der Rasen ist ihre Bühne und die Massen sind ihr Publikum.

Fußballer sind zwar stumme Akteure, aber sie ziehen nicht selten eine lautstarke Schau ab. Ihre ,,Schauspiele" gehen oft um die ganze Welt. Die Zahl ihres Publikums sprengt alle Bühnenrekorde. Und so manches Gesicht ist bekannter als das vieler Bühnenstars.

Wer so oft gesehen wird, kann auch vom Film nicht übersehen werden. Auch ich wurde schon mal entdeckt. Der Filmstreifen hatte den Titel: ,,Wenn Ludwig ins Manöver zog . . ." Mir wurde die Rolle eines Wilderers zugedacht, sie war mir auf den Leib zugeschnitten. Die ganze Mannschaft war dabei und wir hatten eine Mordsgaudi. Jeder Drehtag brachte 1000 Mark und wir sorgten dafür, daß es möglichst viele wurden. Später fand ich mich oft für Privatgaudis in der Rolle des geliebten ,,Valentins" wieder. Und eines Tages stand ich in dieser Verkleidung neben Peter Kraus im Fernsehen. Meine Darbietung fand nicht nur bei den Zuschauern Anklang, sondern brachte mir ein echtes Bühnenangebot ins Haus. Leider mußte ich wegen meiner Profi-Verpflichtungen darauf verzichten. Aber gereizt hätte es mich doch.

Manchmal frage ich mich, was die Journalisten schon oft behauptet haben: Könnte es für mich eine Chance als Komiker geben? Die Antwort fehlt, aber das Ziel ist offen. Wer weiß schon, wohin die Reise geht?

Das Image und sein Wert

Sport-Idole sind für Werbeleute oft das Zugpferd Nr. 1, deshalb spannen sie es gerne vor ihren Karren. Pardon! – Kamera wollte ich natürlich sagen. Wenn man da nicht aufpaßt, ist man schneller aufgeputzt als ein Weihnachtsbaum und sieht nicht selten auch danach aus. Doch insgesamt lohnt es sich, denn auch das bringt Popularität. Außerdem sind Honorare nicht zu verachten. Im übrigen hatte ich schon ein paar Mal das Vergnügen, für ein Produkt zu lächeln: für Kaugummi und Tee, für Kosmetik, Schnupftabak, für Kinderkleidung und Büroartikel. Man nimmt am Anfang, was so kommt. Aber man sollte wirklich nur für seriöse Produkte werben. Zigaretten und Alkohol wären für einen Sportler eine schlechte Reklame.

Bei der ersten Karriere schon an die zweite denken

Als Albert Schweitzer noch Theologe und Organist war, hatte er wahrscheinlich schon sein berühmtes Urwaldlazarett im Kopf. Als Wernher von Braun noch vor seinen ersten Raketenkonstruktionen saß, war er gedanklich sicher schon auf dem Mond. Und von Margot Werner weiß man, daß sie schon als Primaballerina für ihre zweite Karriere als Sängerin vorsorgte. Also, warum sollte man nicht auch als Fußballer seine zweite Berufsrunde vorausplanen können? Ich habe das gedanklich von Anfang an getan. Deshalb bin ich trotz fortgeschrittenem Fußball-Alter in Sachen Zukunft kein Nervenbündel, sondern kann sie gelassen an mich herankommen lassen. Ich habe das meiste ersparte Geld in ein Wohnhaus und eine Tennisanlage gesteckt. Diese zwei Eckpfeiler werden mir später einen zweiten Start ermöglichen. Aber um die Hände in den Schoß zu legen, reichen sie bei weitem nicht. Warum auch? Wenn meine Karriere als Profi beendet ist, bin ich noch viel zu jung, um müßig herumzusitzen. Ich werde mich unternehmerisch in den Kampf stürzen. Vielleicht als Sportartikel-Händler? Vielleicht als Tennislehrer? Vielleicht als Hersteller von Sportbekleidung? Hier gibt es viele Möglichkeiten. Aber man muß alles frühzeitig in die Wege leiten. Es gibt leider genug Spieler, die in fetten Jahren keine Reserven bilden oder ihr erspartes Geld in fragwürdige Unternehmungen stecken. Viele haben dadurch ihre spätere Existenz in Frage gestellt. Das Wichtigste ist, daß man sein Geld nicht nur in eine Sache investiert, sondern es streut. Als Faustregel gilt hier etwa: $^1/_3$ des Geldes in Sachwerten, $^1/_3$ des Geldes in Rentenfonds, $^1/_3$ in Aktienfonds anlegen. Nach dieser Formel kann man Sicherheit mit optimaler Rendite koppeln. Aber ob man es so oder anders macht, ist Mentalitätssache und natürlich auch eine Frage der persönlichen Zielvorstellung. Und Ziele entdeckt man, indem man nach seinen Wünschen fragt.

adidas
adidas

Zwischen Ruhm und Vergessenheit liegen viele schöne Jahre

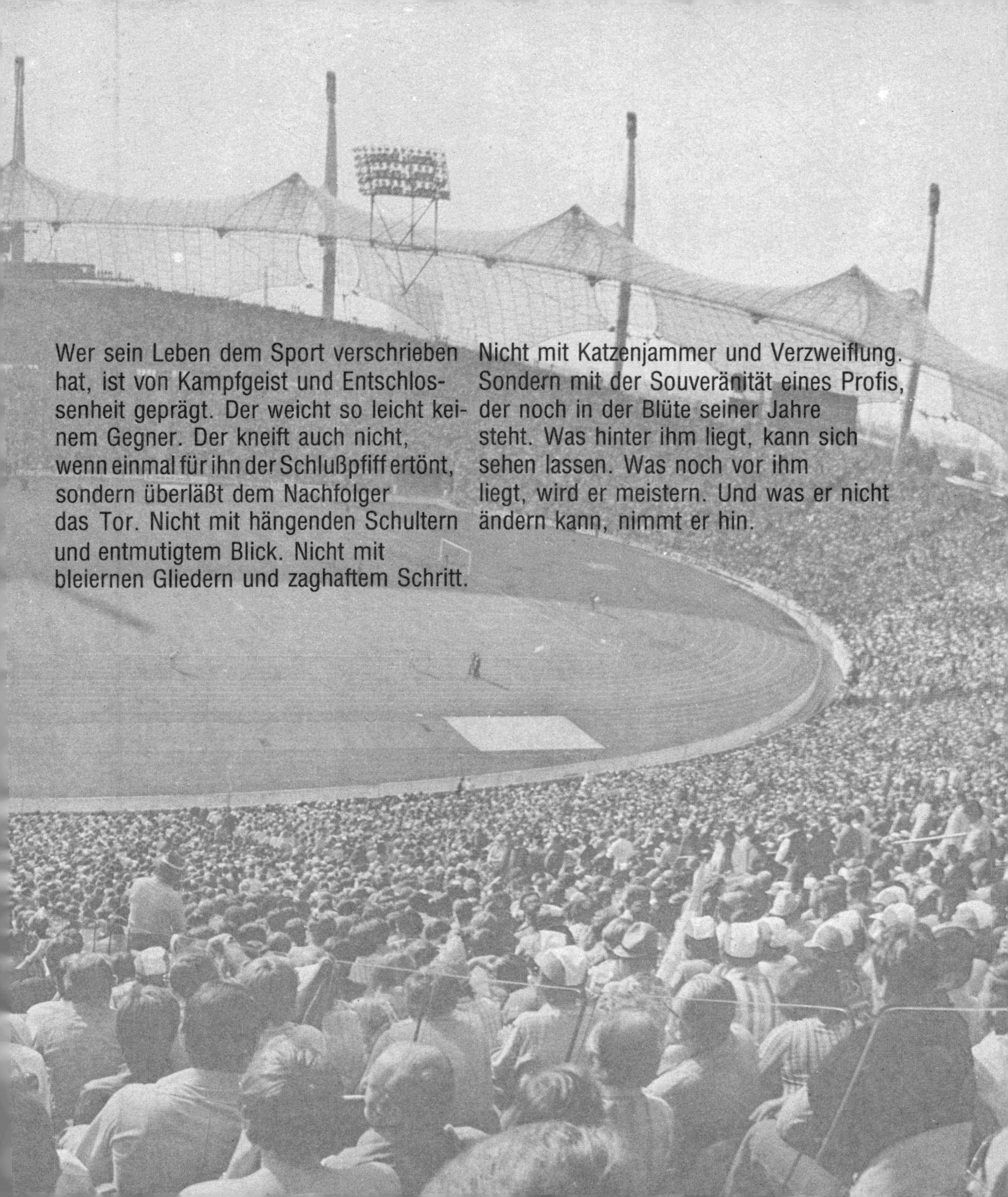

Wer sein Leben dem Sport verschrieben hat, ist von Kampfgeist und Entschlossenheit geprägt. Der weicht so leicht keinem Gegner. Der kneift auch nicht, wenn einmal für ihn der Schlußpfiff ertönt, sondern überläßt dem Nachfolger das Tor. Nicht mit hängenden Schultern und entmutigtem Blick. Nicht mit bleiernen Gliedern und zaghaftem Schritt. Nicht mit Katzenjammer und Verzweiflung. Sondern mit der Souveränität eines Profis, der noch in der Blüte seiner Jahre steht. Was hinter ihm liegt, kann sich sehen lassen. Was noch vor ihm liegt, wird er meistern. Und was er nicht ändern kann, nimmt er hin.

Ein großer Tag – ein neuer Höhepunkt.
Im Weltmeisterschaftsjahr wurde mir am 16.1.1978
das Bundesverdienstkreuz verliehen.
Ein Orden, auf den jeder Deutsche stolz ist.